# Como ganar la confianza de un caballo en 5 pasos

## Los 5 secretos para aprender a prever las reacciones de su caballo

Monique van der Horst

Cover designed by **Frederico de Carvalho**

This notice declares the copyright registration of the work entitled "Como ganar la confianza de un caballo en 5 pasos" on the Safe Creative Copyright Registry:

Copyright holders: *Monique van der Horst* (author and rights holder)
Titular de la propiedad intelectual: Monique van der Horst (autora y titular)
On the date and time of issuing this certificate, its related rights according to the Registry are described under "All rights reserved".

Queda prohibida, salvo excepción prevista en la ley, cualquier forma de reproducción, distribución, comunicación pública y transformación de esta obra, sin contar con la autorización por escrito del titular de la propiedad intelectual.

©2014 Monique van der Horst

ISBN: 978-989-20-5215-1

Contactos:

Blog: www.equierrores.com

Facebook: Equierrores a caballo

Youtube: Caballos Equierrores

Cómo ganar la confianza de un caballo en 5 pasos

*Todo lo que implica lograr el equilibrio físico y emocional tanto del jinete como del caballo se puede considerar la base de la Equitación.*

*Únicamente encontrando dicho equilibrio, podremos empezar a desarrollar el verdadero Arte Ecuestre.*

# Indice

Introducción .................................................................. 2
Para quién es este libro ............................................... 11
Cómo utilizar este libro ............................................... 12
PRIMER SECRETO .................................................... 14
   Identifique el tipo de relación que necesita su caballo ........................................................................ 14
SEGUNDO SECRETO ................................................ 23
   Aprenda a distinguir entre defensa y ataque del caballo mediante señales básicas ............................. 23
TERCER SECRETO .................................................... 53
   Cinco pasos para gestionar su propia tensión .... 53
      Paso 1 ........................................................................ 57
      Paso 2 ........................................................................ 61
      Paso 3 ........................................................................ 65
      Paso 4 ........................................................................ 69
      Paso 5 ........................................................................ 78
CUARTO SECRETO .................................................... 90
   Tres técnicas para controlar la tensión de su caballo ........................................................................ 90
      Técnica 1 ................................................................. 104
      Técnica 2 ................................................................. 116
      Técnica 3 ................................................................. 126
QUINTO SECRETO .................................................. 133
   Construya una base sólida de confianza y equilibrio con la adopción de costumbres ........ 133
Conclusión ................................................................. 143
Frases de mis mentores ........................................... 145
Agradecimientos especiales ................................... 148

## Advertencia

Este libro no pretende sustituir el trabajo de un profesional. Téngase en cuenta que los ejercicios e indicaciones que ofrece el documento no anulan el riesgo que conlleva el trato con el caballo.

Por mi parte, aconsejo vivamente practicar la equitación bajo la supervisión de un profesional competente que sepa calcular y controlar los riesgos. Los profesionales reconocen el momento de peligro, y uno de ellos debería estar siempre presente durante la práctica de la equitación. Si, a pesar de todo, se llevan a cabo sin la debida asistencia cualquiera de las indicaciones que ofrecen estas páginas, se hará exclusivamente bajo responsabilidad propia.

# Introducción

La forma como gestionamos nuestra tensión y la del caballo hace de nosotros las personas de caballos que somos.

Los caballos nos hacen ser quienes somos de verdad. Derruyen nuestra fachada, anulan las historias que nos contamos a nosotros mismos hasta convencernos de ser lo que no somos, nos transmiten la verdad pura y dura sobre nuestro ser. Los animales no engañan. Y de la misma manera, es imposible engañar a un caballo.

Nuestro lenguaje corporal delata cualquiera de nuestras emociones más íntimas y escondidas. Pero la sensibilidad infinita de los caballos nos transmite constantemente lo muy equivocados que estamos y lo mucho que nos queda por aprender...

Si no estamos en paz con nosotros mismos, tampoco ellos lo estarán con nosotros. Si no sabemos perdonar nuestros errores ni perdonar a los demás, nuestro caballo lo captará y nos lo recordará hasta que logremos aceptarlo.

Quien esté dispuesto a que el caballo le transmita todas esas verdades dolorosas, frustrantes y egocéntricas que le hacen girar sobre sí mismo, y a aceptarlas en su más pura humildad, conseguirá que la relación con el animal se transforme en un milagro de todos los días. El caballo será capaz de transformarlo en mejor persona, en un buen jinete, en claro competidor, en amigo de sus amigos, en verdaderos padre, madre, marido o mujer, y en mejor hijo…, y su relación con el mundo que le rodea se transformará en una felicidad que le llevará a transmitirla a los demás, y a expresar con su actitud, su actuación y sus gestos (con la salvedad de la palabra), las ganas de vivir y de que los demás participen de su felicidad.

El verdadero amante de los caballos advierte de qué manera son ellos capaces de transmitirnos esa felicidad. Seguro que lo ha notado. Y esa felicidad que ha sentido tantas veces y que procura sentir cada vez que está con su caballo le incita a amarlos más y a que no pueda dejar de estar con ellos.

Cuando no logramos sentir esa felicidad, empezamos a pensar que no estamos a la altura de nuestro caballo. No estamos preparados para tener un caballo: no nos responde y no sabemos hacernos entender por él...

Esta falta de respuesta se traduce en incomprensión, y cuando nos sentimos incomprendidos, germina en nuestro interior un incierto complejo de inferioridad delante de un animal que pesa quinientos kilos, que podría destrozarnos con una simple patada o en un ataque agresivo.

Es difícil aceptar esta falta de entendimiento, y generalmente se la compensa empezando por ignorar pequeñas situaciones sobre las que hemos perdido el control, que se repiten una y otra vez, y que la aumentan de forma exponencial. El caballo se confunde, nosotros nos confundimos, empezamos a utilizar trucos que sólo sirven para empeorar las cosas, escuchamos y pedimos la opinión a todo el que parezca saber más que nosotros y acabamos con un "cóctel de ideas y conceptos" que no somos capaces de aplicar.

El caballo es gregario por naturaleza. Cuando vive suelto, se agrupa en manadas para defenderse en grupo de los ataques de otros animales, y el grupo cuenta siempre con el gobierno del jefe de la manada. Si el caballo es un animal doméstico, entonces necesita del gobierno de su amo, y si el amo no responde a sus expectativas, el animal acabará desquiciado a la hora de tener que dejarse llevar por alguien que es inseguro, imprevisible, inestable, o, de otra forma, aprovechará la falta de seguridad de su dueño y pasará a llevar él las riendas de la situación.

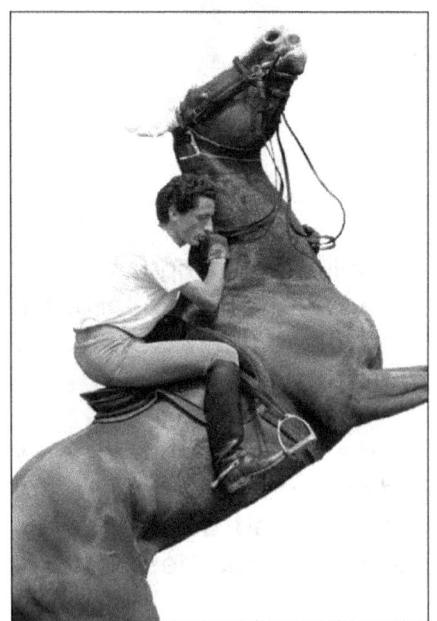

*En la foto vemos al jinete de doma español* Lauro Aguiló, *en un momento frustrante, debido a la reacción de un caballo desquiciado y confundido por sus antiguos dueños.*

*Observe la tranquilidad del jinete, que se encuentra sin estribos, y la calma mantenida frente a la actitud confundida del caballo. En el 4º secreto aprenderá a gestionar la tensión del caballo mediante su propia tranquilidad.*

Las frustraciones empiezan a ser patentes cuando el caballo comienza a "*ganar la mano*" en su sentido más puro o a ser completamente imprevisible, tanto en el pie a tierra como montado. El dueño empieza a tener dudas sobre cómo imponer otra vez respeto, comprometiendo muchas veces la confianza del caballo al intentarlo.

El esquema siguiente muestra un ejemplo de cómo podría progresar la relación cuando surge una falta de entendimiento entre caballo y jinete:

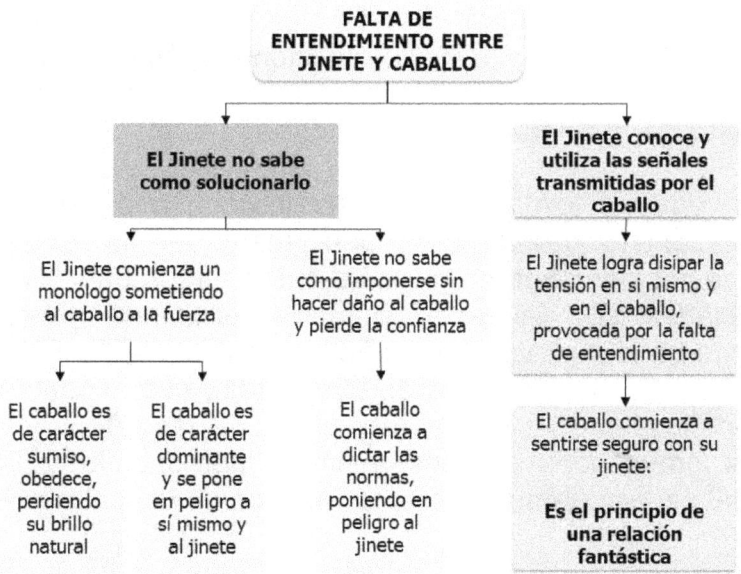

Cuando el jinete no sabe cómo resolver la falta de entendimiento, se instala en él un sentimiento de inseguridad, tanto si somete al caballo a la fuerza como si no quiere hacerle daño: es el miedo a *perder el control*...

La inseguridad de quien gobierna una relación con cualquier animal gregario provoca un desequilibrio emocional que puede llegar a ser muy peligroso. Piense por un momento en las relaciones sociales, en la relación padres-hijos, jefes de estado-nación, jefes de empresa-trabajadores...

El liderazgo es un tema muy común hoy en día en todos los aspectos. Saber gobernar al caballo es muy importante, pero ¿sabemos lo que es ser realmente un jefe? ¿Tenemos idea de las responsabilidades que debemos asumir? ¿Seríamos capaces de asumir esas responsabilidades sobre un caballo? ¿Qué tipo de caballo seríamos capaces de gobernar? ¿Entendemos que no se puede liderar nada por mucho tiempo sin que haya una relación de confianza?

Pretendo que viaje a lo largo de este libro a través de una experiencia más emocional que técnica, que le llevará a conocer mejor a su caballo y sus reacciones más comunes, y a dirigir esas reacciones un poco más en su favor para que el liderazgo empiece a surgir de forma natural.

Grandes *hombres* y *mujeres* de caballos son capaces de utilizar el sentido de la razón para mantener todas las reacciones del animal como parte de sus instintos primitivos sin mezclarlas con la razón humana, utilizando ésta únicamente para la interpretación de las señales, la elección de los momentos ideales para el aprendizaje, el autocontrol de las propias emociones, la resolución de las diferentes tensiones provocadas por los instintos del caballo y la gestión del espacio tanto del propio jinete como del caballo.

Este libro habla sobre estos aspectos de forma natural, de forma que recuerde los momentos en los que realmente se entendió con el animal, cuando pareció que todo estaba en su sitio, que fue "uno" con su caballo, que logró acertar con el ritmo necesario para salvar un obstáculo o hacer un ejercicio, que entendió perfectamente lo que su caballo quería, que logró enseñarle algo prácticamente por instinto y utilizando el sentido común, que el caballo se le acercó en un momento de inseguridad para buscar apoyo, que logró tranquilizar a un caballo que entró en pánico y supo cómo transmitirle su objetivo sin utilizar la fuerza para ello, que se sintió seguro cerca de su amigo....

Todos esos momentos en los que siente felicidad, confianza, control y tranquilidad junto a los caballos son aquellos en los que, en cierta manera, se siente como esos grandes hombres o mujeres que tanto admiramos todos por su naturalidad, respeto, humildad y liderazgo ejemplar con sus caballos.

El principal error que solemos cometer es no saber apreciar un momento de satisfacción sin pararnos a pensar qué es lo que ocurrió entonces y qué podemos hacer para que se repita de nuevo. Aprenderá de los errores, pero aprenderá muchísimo más de las virtudes al aprender a sistematizarlas.

Me gustaría aprovechar la introducción de este libro para presentar a una niña de 5 años:

**La niña de las botas grandes y manitas de oro**

Su hermana mayor montaba como si nada fuese más fácil... Incluso le iban a comprar un caballo. Todo el mundo a su alrededor estaba tan tranquilo entre los caballos... Nadie les tenía miedo y a ella le aterrorizaban... No quería demostrarlo y se les acercaba, pero... Era superior a sus fuerzas. No conseguía estar tranquila cerca de los caballos.

Un día un amigo la montó consigo en un caballo tordo con unas crines preciosas. La llevó a pasear y ella sintió que cerca del cuello del animal le desaparecía el miedo. Notó la confianza que el caballo tenía en aquel chico. Lo manejaba de forma suave y el caballo parecía poner un cuidado especial en llevarla a ella...

La belleza de las crines, el poder que parecía tener, la facilidad con que se movía... La niña no pensaba en nada más que en el caballo...

Cuando llegaron a las cuadras, la niña lloraba de emoción. Quería montar. Quería perder el miedo, entender a los caballos, volver a experimentar aquella sensación... Sentía amor por *Festivo,* aquel que había montado.

Empezó a montar una yegua alazana. La llevaban de paseo con una cuerda que iba atada a otro caballo que montaba una chica. El conjunto que avanzaba ante la niña le parecía un centauro. Marta, la otra chica, semejaba la continuación del animal que montaba. Aquello habría sido su sueño...

A veces la llevaba otro chico, pero siempre de la cuerda. Siempre. Le daba mucho miedo soltarse.

Durante muchos días dio paseos por la playa a la orilla del mar, por los prados, hizo excursiones entre turistas que iban a pasear a caballo como ella. Siempre con la cuerda. Le daba pánico soltarse y cabalgaba siempre con la cuerda que llevaba la chica que mantenía el control de su caballo. Pues si no, no iba segura.

Un día decidió que era hora de soltarse: *"Creo que entiendo a la yegua, y además, todos me dicen que calzo unas botas grandes pero tengo mano de oro. Seguramente significará algo bueno. Y ya podría soltarme. Probaré en el picadero",* pensó.

Aquel día la yegua no quería echar a andar... Quién sabe por qué razón se le metió en la cabeza que la yegua iba a parir. Y así se lo fue a decir al dueño de los establos. Éste se echó a reír, pensando probablemente que no era más que una excusa, y le recomendó guardar a la yegua. Ya la montaría alguien, para hacerla andar, por no dejarla viciada. Al día siguiente, ya se vería cómo iba. Así que la montaron, la hicieron galopar por todo el picadero y, al final, quien la guardó fue la niña.

Pero la niña no se quedó tranquila. Metió la yegua en la cuadra y se quedó allí con ella. Cuando se fueron todos a ocuparse de sus cosas, la yegua empezó a revolcarse y a levantar el labio de forma extraña...

Fue el primer nacimiento de un potro que la niña presenciaría en su vida...

Cuando el dueño apareció y vio la yegua pariendo, no supo qué decir. Lo único que dijo fue: *"Desde luego, eres una niña muy especial…, y espero que hayas perdido ya el miedo"*.

Fue la primera vez en sus vicisitudes con los caballos en que la niña pensó:

-*"¿Cómo lo sabría yo?"*

Durante los veintiocho años que siguieron al suceso se formuló esa misma pregunta una y otra vez. Y con ayuda de su familia, de los profesores, los mentores, de entrenadores fantásticos, de sus mejores amigos, de los alumnos, de su marido, de sus hijos, habiendo montado muchísimos caballos, después de miles de errores, tanto ecuestres como no, graves o menos graves, en medio de miedos, nervios, frustraciones y amenazas de *"abandonar el arte ecuestre para siempre"*, descubrió que, cuando hacía las cosas con el sentimiento, todo funcionaba a la perfección de forma natural.

Cuando la inseguridad se cruzaba en su camino, era un desastre, y sintió la necesidad imperiosa de reconocer y definir en forma de sistemas a la intuición que utilizaba cuando las cosas funcionaban, para poder aplicarlos de forma voluntaria en los momentos más inseguros.

Una vez identificados los errores y echando mano del sistema, todo aquello funcionaba, mejoraba el resultado una y otra vez con los diferentes caballos que iba montando.

Y es así como nació este libro, que espero le ayude a lograr los mejores resultados con sus caballos.

Antes de empezar, me gustaría proponerle un pequeño ejercicio:

*Escriba la siguiente frase en un papel y colóquela en algún sitio donde la pueda ver a cualquier hora del día.*

**Ríndase y nunca ganará. El ganador NO se rinde.**

Esta vieja frase me inspiró en los momentos más difíciles de mi vida desde que la escuché, y me sigue ayudando a responsabilizarme por las decisiones (buenas o malas) que voy tomando a lo largo de mi aventura, que está lejos de terminar.

## Para quién es este libro

Hace un tiempo sentí la necesidad de poner en orden mis conocimientos, ideas y experiencias con los caballos. Podría ayudar a jinetes y amantes de caballos que tuviesen las mismas frustraciones, los mismos miedos. A aquellos que cometen los errores una y otra vez sin encontrar la manera de solucionarlos.

El equipo de Equierrores hemos logrado divulgar todo este material en forma de un gran proyecto que empieza por este libro. Creo firmemente que se ha logrado un trabajo maravilloso, algo que nunca hubiese pensado que ocurriría.

Todo esto está hecho de forma muy especial para nuestro querido lector, que nos lee, que perdona nuestros errores, que siente lo mismo que nosotros a caballo, que quiere mejorar, que lucha por divulgar las ideas que comparte con nosotros, **que siente la necesidad de entender mejor a los caballos, que vela por su bienestar**, y que comparte con nosotros esta pasión.

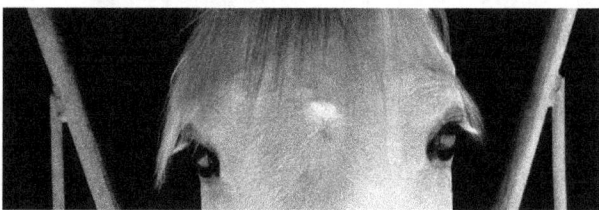

…para el lector de parte de todo el equipo de Equierrores

Gracias por compartir nuestra pasión.

## Cómo utilizar este libro

El mundo del caballo está muy bien descrito en libros sobre el arte de montar, que incluyen los cuidados, las competiciones, la cría, las razas con su relación completa, etcétera, para adquirir cultura en este tema.

Pero si no sentimos una necesidad de comunicarnos mejor con quienes nos rodean, de proponernos aceptar la verdad, perdonar nuestros fallos y los de los demás, de dejar de buscar excusas a nuestros miedos y abandonar la postura egocéntrica de tener la razón siempre, no hay libro, ni entrenador, que gane por nosotros la confianza y la amistad de un caballo.

Pretendo con estas páginas guiarle por 5 secretos que le ayudarán a formar una base sólida para establecer una relación de confianza con sus caballos.

Para obtener buenos resultados utilizando los métodos de este libro, es recomendable que el caballo esté físicamente sano y bien alimentado, de forma adecuada al trabajo que se le ha destinado.

En cada capítulo recogerá beneficios que le resultarán útiles para pasar al siguiente y se irá encontrando ante diversos escenarios que le podrán parecer familiares, cuya resolución le ayudará dar el paso siguiente con naturalidad.

Es absolutamente necesario entender que si el amante de caballos pretende subir un nivel en la equitación, practique la disciplina que practique, tendrá que percibir la obtención **de la confianza, respeto** y **equilibrio**, tanto del jinete como del caballo, como un medio para poder practicar el Arte Ecuestre.

La capacidad de desarrollar el Arte Ecuestre, dependerá de la sensibilidad y talento de cada jinete, pero el medio que utilizamos para llegar, es sistematizable. Y es a ese medio al que dedico estas páginas porque, sin éste, el verdadero Arte Ecuestre no es alcanzable por mucho talento que uno pueda tener.

Si está teniendo problemas con su caballo, piense por un momento en cuál está siendo su prioridad: ¿la disciplina que está practicando en sí, o el medio para lograr practicarla? Si advierte que sus prioridades están cambiadas, empiece por recordar lo dicho antes:

*Todos los momentos en que sintió amor, paz, confianza, alegría, paciencia, autocontrol, humildad o tranquilidad junto a sus caballos fueron momentos en los que fue un gran hombre o mujer de caballos y este libro le enseñará a descubrir cómo, cuándo y porqué surgen esos momentos y aprenderá a sentirlos una y otra vez hasta que se forme un hábito. En el momento en que se conviertan en un hábito...*

*...descubrirá que cada día que pase entre caballos se vuelve un milagro.*

# PRIMER SECRETO

## Identifique el tipo de relación que necesita su caballo

En este capítulo aprenderá a identificar la relación que tiene con los caballos que monta y a descubrir cual sería la más idónea dependiendo de la naturaleza de cada caballo. De esta forma, cuando surja un conflicto, sabrá por dónde empezar para llegar a encontrar una solución beneficiosa para ambos, y desechará la tristeza que acecha cuando hay un malentendido entre jinete y caballo.

El tipo de comunicación que existe entre nosotros y nuestro caballo definirá el trato que tengamos con el animal y del tipo de trato nacerá el tipo de relación que se establecerá entre ambos.

Cuando hablamos de la relación en el binomio jinete-caballo, hacemos referencia a una comunicación no verbal entre un animal mamífero racional y otro que no lo es, pero tal como ocurre en las relaciones entre otros mamíferos, si no existe comunicación la relación será inexistente.

El caballo interpretará las señales que le enviamos con nuestro cuerpo, las sentirá y reaccionará de una o de otra forma según su naturaleza, nuestro estado de ánimo y tipo de energía que le transmitimos.

Para establecer una conversación no verbal, tendremos que aprender a escuchar, sentir e interpretar las señales que nos transmiten los caballos, respondiendo con señales que el caballo sea capaz de interpretar, en el momento cierto y con la intensidad necesaria para incentivar al caballo a que nos dé una respuesta y seguir comunicándonos.

Lo primero que ha de entender es que tenemos dos instintos en común con nuestros caballos que posibilitan la comunicación y que existe una parte del cerebro humano, responsable del razonamiento, que hace que nuestra relación con el animal pueda ser maravillosa o un verdadero desastre.

Los dos instintos que tenemos en común son:

- **El instinto "lucha o huye"**, *primitivo,* que mantiene los cuerpos de ambos en funcionamiento, y en un estado de alerta física de la que depende nuestra supervivencia en situación de peligro.

- **El instinto del "mamífero",** que permite distinguir los patrones de comportamiento de los demás, y procura que se activen las emociones (positivas o negativas) que nos llevan a establecer los lazos de amistad para sobrevivir y reproducirnos.

Una de las emociones negativas provocadas por nuestro instinto mamífero, y que surge cuando no nos entendemos con otro mamífero que es nuestro amigo, es la soledad, que a pesar de ser una emoción negativa en el momento que la sentimos, nos incentiva a encontrar la mejor forma de relacionarnos con los demás.

Dentro de una manada salvaje, el caballo utiliza sus instintos primitivos para sobrevivir a los depredadores, y utiliza los instintos mamíferos para aprender a comunicarse de forma adecuada y evitar sentirse solo. El potro que falte al respeto a un mayor, será puesto en su lugar de forma que, o se adapta y aprende a comunicarse con los demás, evitando el conflicto, o acabará por ser excluido del grupo. Y una vez fuera del grupo, pasará a ser un animal vulnerable frente a los depredadores.

El instinto con que el caballo busca la forma de comunicarse con los demás no es racional y es común en todos los mamíferos. Los humanos tendemos a humanizar a los caballos pero esto es un error. No debemos tratarlos como si fueran uno de nosotros simplemente porque, al igual que nosotros, ellos tienen una necesidad instintiva de comunicarse.

En el cerebro humano se produce un desarrollo considerable de la corteza prefrontal, que se identifica como el lugar de la inteligencia.

En esta zona del cerebro, procesamos información y, por encima de nuestros instintos primarios, analizamos "virtualmente" diferentes escenarios y alternativas. Una vez hemos calculado los riesgos, tomamos una decisión. Es la parte responsable de las diferentes estrategias que utilizamos para resolver nuestros problemas.

Nuestros razonamientos son los responsables de las complicaciones que apareja nuestro trato con el caballo, porque tendemos a humanizar las acciones del caballo, al intentar entenderlo desde el punto de vista humano.

Cuando sentimos una emoción negativa entramos en conflicto con toda una serie de razonamientos lógicos, que debemos evitar transmitir a nuestro caballo, ya que el caballo no será capaz de entenderlos y únicamente captará nuestra energía negativa que podrá provocar reacciones imprevisibles en el animal.

Recordando la naturaleza instintiva del equino, ya estudiada por los etólogos, lograremos simplificar nuestros razonamientos lógicos en los momentos de conflicto emocional. Hemos de tener en cuenta que nuestro caballo:

- Es claustrofóbico por instinto (las cuevas que albergan leones son peligrosas).
- No deja que un *no miembro* del grupo invada su espacio de seguridad (tiene que mantener la distancia precisa para huir del león de forma segura en caso de ataque).
- No dejará que un extraño (el león) se le suba a la grupa.
- Necesita pies, manos y cabeza libres para huir.
- Jugar, rascarse y estar con los miembros del grupo es necesario para su aprendizaje, desarrollo y bienestar.

*En esta foto, el instinto del caballo le dice que el lugar oscuro en el que le pido que entre, no es seguro. Cuando logremos que nos entregue su confianza, lograremos que responda a lo que le pedimos a pesar de lo que le indiquen sus instintos.*

Si el caballo nos acepta como miembro del grupo y logramos interpretar las señales que utiliza para demostrarlo, estaremos a un paso de tocarlo, rascarlo, de que levante los cascos, de llevarlo de la mano y montarlo. Y pasaremos a ser su jefe en las situaciones que activan sus instintos más primitivos de *lucha y huye*, que tanto influyen en el trabajo que pretendemos hacer con ellos.

Cuando hablo de miembro o *no miembro del grupo*, me refiero a cualquier ser que pueda ser aceptado como tal, ya sea una persona, un perro, una cabra o un cerdo. Una vez aceptado como miembro, podrá establecer un trato con todos los caballos del grupo y pasará a relacionarse según el trato común que se establece entre ellos.

Los miembros del grupo pueden ser de diferentes tipos, y estudiando los tipos, podemos llevar a cabo una pequeña reflexión en torno a la forma como actuamos todos nosotros una vez nos integramos en el grupo, y el tipo de relación que necesita cada miembro del grupo con los demás.

De la misma forma, sabrá si el trato con su caballo es la que el animal necesita, o habrá que establecer nuevos objetivos de comunicación para ganar su confianza total y su respeto.

Se pueden clasificar tres tipos naturales de caballos:

| Tipo natural de caballo | | |
|---|---|---|
| El amigo por naturaleza con tendencia a someterse | El amigo por naturaleza con tendencia a dominar en la relación | El líder por naturaleza |

Es importante entender que si el caballo ha pasado por manos poco experimentadas o ignorantes, se puede hacer difícil distinguir el tipo natural de caballo que se tiene entre manos. Un caballo mal educado no tiene por qué ser un caballo dominante por naturaleza. Es un caballo que puede ser de cualquier tipo, pero mal educado y falto de respeto frente a su cuidador.

Por otro lado, un caballo bien educado y tranquilo puede estar escondiendo su naturaleza dominante, que aparecerá cuando se encuentre en manos poco entendidas.

El caballo *amigo por naturaleza, con tendencia a someterse,* suele ser más frágil, poco curioso, y se aparta o se encoge cuando otro miembro del grupo invade su espacio. El trato con personas poco expertas puede transformar un caballo sumiso en un caballo extremadamente miedoso. Este tipo de caballo necesita de un amigo seguro de sí mismo, con capacidad de dar confianza al caballo en momentos de inseguridad. Una vez esté confiado, necesitará de cierta habilidad correctiva por parte de su responsable en el momento oportuno.

El caballo *amigo por naturaleza, con tendencia a dominar,* necesita de un amigo con capacidad correctiva firme en los momentos oportunos, para que no se vuelva desatento al jinete o al cuidador. Suele ser un caballo seguro y amado por todos.

El caballo *líder por naturaleza* necesita de un amigo capaz de liderarlo, sin entrar en disputa, y con capacidad firme de corrección sin que acabe con la capacidad de liderazgo del animal, que puede ser preciosa en muchas ocasiones. El caballo con capacidad de liderazgo es un caballo en general muy potente, con buena salud, gran capacidad física, instintos muy acusados, ojos vivos y bien dispuestos en la cabeza, orejas finas y atentas, valiente y ágil, capaz de darlo todo por una amistad incomparable con su jinete o cuidador. Con un caballo de naturaleza líder se llega a establecer un trato por lo demás fabuloso, así como peligroso, ya que tan rápidamente aprende a explorar y a sacar el máximo partido de sus capacidades positivas, como de las negativas y peligrosas.

## Una pequeña nota sobre caballos agresivos:

El caballo agresivo necesita de alguien que descubra por qué despliega su agresividad y en qué momentos aparece, para descartar dolor y trabajar con él hasta transformarlo en un caballo no agresivo, confiado e incluso amigo, y saber tratarlo como tal. Un caballo así es peligroso, y no sólo necesita el trato de unas manos expertas y sabias sino también un jinete de reacción rápida y gran agudeza mental. No es un caballo para cualquier persona, ya que cuando ataca lo hace instantáneamente, sin previo aviso y con pocas señales de amenaza, principalmente porque el objetivo es destruir al otro miembro.

Cuando pensamos en la manada salvaje, es importante destacar que el caballo agresivo NO es el caballo líder del grupo. Prácticamente no existen caballos agresivos en manadas salvajes. Existen potros *adolescentes* de naturaleza dominante que intentan constantemente desestabilizar el grupo, pero son puestos en su lugar por los mayores hasta que aprenden a comportarse.

Precisamente porque en manada el mal comportamiento es puesto en orden por los mayores de forma natural e instintiva, la agresividad aparece mucho más en caballos domésticos, donde la puesta en orden depende del hombre que, muchas veces, razona de forma complicada y resabiada. Tal como las personas agresivas, los caballos son seres con problemas que no se han resuelto y necesitan cuidados especiales.

*Le propongo un ejercicio de reflexión:*

*Contando con lo que ha aprendido hasta aquí y con la experiencia que posee, piense en el trato que hay con los caballos que monta o cuida, cómo sería la relación ideal, y qué aspectos convendría mejorar en la forma de tratarlos.*

*A continuación, responda a las siguientes preguntas:*

- *¿Se enfada mucho con ellos?*
- *¿Tiene miedo cuando tienen reacciones bruscas?*
- *¿Suele entender su comportamiento?*
- *Cuando anda de la mano con un caballo con el que tiene poca experiencia y se detiene, ¿el caballo también se detiene o sigue como si no tuviera a nadie al lado, viéndose obligado a mantenerlo en círculos a su alrededor hasta que logra controlarlo? ¿Qué medidas toma para que no vuelva a ocurrir eso?*
- *Cuando va montado y el caballo divisa algo a lo lejos, ¿se agarra a las riendas con más fuerza? Cuando lo acaricia, ¿siente que el caballo se relaja?*
- *¿Considera que el caballo respeta su espacio, o tiene la sensación de que, si no está atento constantemente, le podría pisar?*

*Pensemos sobre estas cuestiones de forma natural y con objetividad. Conforme avancemos en estas páginas podremos emitir nuestro propio veredicto y sabremos si el caballo nos respeta o no. Por el momento, sería conveniente que nos pusiéramos a reflexionar sobre el trato que mantenemos con los caballos, y si el actual ofrece de verdad resultados. Éste es el primer paso para dominar "la toma de las riendas en la mano" sin dejarse llevar por los acontecimientos.*

*Hay que asumir la plena responsabilidad y la posición que ocupamos en nuestro trato con los caballos y las consecuencias que tiene la forma en que lo llevemos a cabo. Si nos arrugamos cada vez que el caballo muestra su poder, hay que asumir que en este momento lo que necesitamos es un caballo amigo y ante todo poco dominante, que no sea peligroso, hasta que sepamos hacernos respetar. Además, necesitamos un buen profesor que nos ayude a mantener en orden al caballo amigo, de manera que no vaya ganando terreno y dominando poco a poco. Pero siga adelante con estas páginas, donde aprenderá técnicas muy interesantes para mejorar su capacidad de control.*

*Si quiere considerarse líder, asuma la responsabilidad de su posición y entrénese con constancia a fin de ocuparse con pericia del caballo en los momentos buenos y malos. (En el Secreto nº 3 hablaremos de las cualidades y las responsabilidades de un líder competente).*

Tomar conciencia del trato que mantenemos con el caballo nos llevará a pensar en las señales que emite el animal a su vez, lo que establece una relación recíproca. En el próximo secreto me ocuparé de traducir el lenguaje que utiliza el animal para expresarse.

## SEGUNDO SECRETO

## Aprenda a distinguir entre defensa y ataque del caballo mediante señales básicas

*El caballo no engaña y es imposible engañar a un caballo.* Lo cual es fantástico. Puede ser doloroso cuando no nos entendemos, pero es maravilloso cuando se crea un diálogo en un lenguaje que ambos, jinete y caballo, entienden. Los caballos nos libran de cualquier falsa fachada. Nos observarán y estarán leyendo constantemente las señales que les enviamos con el cuerpo, ya sea queriendo o sin quererlo nosotros.

Los caballos dan muchísimas señales, y aunque no se puede leer cada señal por separado, aprenderá a identificar instintivamente los estados de ánimo de los caballos a medida que esté entre ellos, los cuide y los monte, siempre y cuando NO DEJE DE OBSERVARLOS, entienda las señales básicas más comunes y no se olvide de que ellas existen.

En este capítulo aprenderá a establecer la base de la comunicación para entender en la práctica a todos los caballos, y a observarlos con un criterio más racional.

Según la forma y rapidez con que el caballo responde a nuestras señales y estímulos, sabremos definir el carácter del caballo y, en adelante, la relación que llevamos entre manos y que debemos desarrollar con ese ejemplar.

## ¿QUÉ NOS INDICA EL CUERPO DEL CABALLO?

Las primeras preguntas que debe hacerse cuando se acerca a un caballo son:

- El caballo ¿está relajado o tenso?
- Si está relajado, ¿es porque está desatento?
- Si está tenso, ¿es una tensión positiva o negativa para su trato con él?

La respuesta es de suma importancia y no debemos ignorarla. Tanto si conocemos al caballo como si no, puede estar dormido o desatento y puede asustarse de repente, o bien se encuentra asustado por algún motivo y se prepara para una reacción brusca con la que no contamos si no vamos prevenidos.

Un señor de edad que trabajaba conmigo, y que toda la vida había dado de comer al ganado, me dio una respuesta interesante un día que le animaba a no asustar tanto a los caballos cuando les iba a dar de comer. Le dije: "¡No necesita asustarlos tanto! ¡Ellos lo aceptan bien y son tranquilos!"

Él me respondió: "Son tranquilos pero tienen un nombre: son bestias".

En ese momento comprendí que aquel hombre les tenía miedo, que no sabía distinguir un caballo tenso de uno relajado, y que el miedo le impedía saber si los caballos estaban tranquilos o no (aunque tuviese razón, no dejan de ser bestias). Lo único que sabía era que si no tenía cuidado, lo podían atropellar. Bastaba que un caballo se asustara por algo, para saltarle encima "sin querer", y se protegía blandiendo los cubos de comida y manteniendo a los animales lejos de antemano.

Abstengámonos de asustarlos, porque con eso nos privaríamos de ganar su confianza. Estemos atentos a las señales de tensión que aparezcan en su cuerpo, así lograremos prevenir reacciones bruscas por su parte y resolveremos su tensión de forma satisfactoria.

Para medir la tensión existente en un caballo, nos guiaremos primero por las líneas generales de su cuerpo. Cuanto más evidentes y tensas son, empezando por las orejas y acabando por la cola, más excitado está.

En esta foto vemos al caballo Xeque-Mate, *que se soltó y está visiblemente enfadado con la cuerda que lleva colgando y restringe sus movimientos (el caballo está fresco, quiere correr pero ya ha pisado una o dos veces la cuerda). Nótese la posición de las orejas hacia atrás y tensas, el labio superior más largo que el inferior, tenso y ligeramente torcido, demostrando enojo, la cola ligeramente levantada y tensa, la crispación general de la musculatura del cuerpo, todo ello demuestra una actitud poco proclive al trabajo.*

El índice de tensión distinguirá entre la tensión *productiva y* la tensión *no productiva* para nosotros a la hora de llevar a cabo nuestro trabajo con ellos.

Por ejemplo:

- Excitación por ver algo que no conoce y le produce confusión.

- Excitación natural de un caballo entero al ver una yegua en celo.
- Excitación provocada por la llegada de un nuevo miembro al entorno donde se encuentra, o su llegada a un entorno nuevo.
- Ansiedad que sienten cuando un compañero se aleja.
- Ansiedad y curiosidad que surge cuando conocen un miembro nuevo del grupo.
- Preparación para el juego o la tensión propia durante el mismo.
- Ansiedad de una madre cuando ve que su potro se aleja de ella.
- Miedo (se prepara para huir).
- Inseguridad (no nos entienden, no saben si lo que se aproxima les va a hacer daño, su compañero o líder del grupo reacciona de forma nerviosa e insegura).
- Amenaza o ataque (se prepara para defenderse o para atacar).
- Dolor.
- Todas las tensiones derivadas de la falta de trabajo relacionadas con la alimentación del caballo.

Si tras unos días calurosos le sucede un día más fresco o con viento, es muy probable que los caballos estén a su vez más frescos y también tensos. Es una reacción natural del cuerpo del animal a fin de protegerse del cambio de temperatura. No hay nada como darle un poco de libertad controlada para que no se hagan daño, pero que liberen esa tensión con un poco de juego, o con movimiento suelto o a la cuerda.

*Vemos aquí al mismo caballo,* Xeque Mate, *sucio pero relajado, después de haberle quitado la cuerda que le molestaba y haber liberado energía por haber trabajado menos durante días de lluvia. Nótese que las líneas de expresión están relajadas, aunque demuestra algún grado de atención con las orejas.*

Un caballo totalmente relajado lo demuestra con la musculatura laxa, las orejas caídas hacia los lados, descansando un pie u otro, con los ojos abiertos o entreabiertos pero mostrando una expresión general tranquila.

Siempre que nos acerquemos a un caballo hemos de asegurarnos de que nos está viendo u oyendo.

La atención de un caballo debe ser proporcional al grado de relajación que le permita comunicarse con nosotros. Esto resultará en una tensión positiva, constructiva para su trabajo diario en cualquier disciplina, ya que podrá ir hacia delante, hacia atrás o hacia arriba, de una forma relajada pero atenta.

Para saber distinguir entre los dos tipos de tensión tendrá que aprender algo más sobre las señales individualizadas que nos transmite el caballo.

# ¿QUÉ NOS INDICAN SUS OREJAS Y SUS OJOS?

Con las señales siguientes aprenderá a identificar el momento adecuado para acercarse y empezar a comunicar con su caballo. Si no le está prestando atención, llámelo con un silbido o por su nombre, para que se dé cuenta de que se aproxima. Así evitará pisotones, sustos y movimientos inesperados del caballo.

Evitemos acercarnos a ejemplares que no estén dispuestos a aceptar nuestra presencia hasta que aprendamos a darle la vuelta a la situación y obtengamos algún grado de confianza por su parte.

Debido a la conformación de la cabeza y la posición de los ojos, existen puntos sensibles alrededor del caballo donde no alcanza a ver sin mover el cuello o la cabeza. Uno de los puntos es el que se sitúa exactamente delante de sus ojos y el otro exactamente detrás.

El caballo que no puede o no quiere mover la cabeza dirigirá los ojos hasta donde le sea posible ver, y si el objeto en cuestión está detrás, podrá enseñar la parte blanca del ojo.

Si tiene el cuello y cabeza libres, los utilizará para aumentar su campo de visión.

Cualquier estado de ánimo o de atención del caballo va acompañado de una posición específica de las orejas, y es importante tenerlas en consideración en cuanto sea posible. Las orejas acompañan a los ojos del caballo y "ven" allí donde el ojo no llega.

Cuando un caballo se sorprende con algo que está delante, instantáneamente pondrá las orejas hacia atrás para "ver" si tiene el campo libre para huir por ese lado.

El siguiente cuadro, le ayudará a interpretar algunas de las señales que el caballo transmite:

## Posición de las orejas

**Orejas tensas y fijas hacia algún lugar**

¿Qué hay allí?
¿Tengo motivos para asustarme?
¿Quién eres tú?
Giraré el cuello y el resto de mi cuerpo hacia el lugar donde estoy mirando si hace falta, ten cuidado y llámame la atención si estás a mi lado para que siga atento a ti.

### Orejas hacia delante pero menos tensas que en el caso anterior

Estoy tranquilo, veo adónde voy y lo que tengo delante, giro una oreja o la otra, atento a lo que me comunicas y a lo que hay alrededor.

### Una oreja hacia delante, la otra en tensión hacia un lado

Atento a lo que pasa delante y al lado.
Si levanto el cuello y lo tenso, tenso la boca y el labio superior, denoto inseguridad.

### Orejas hacia los lados sin tensión erguidas

Estoy tranquilo, pero atento.

### Orejas hacia los lados, caídas

Estoy muy tranquilo y relajado, y puede que esté durmiendo. Estoy desatento y puedo asustarme de repente. Si quieres algo de mí, házmelo saber primero con gentileza.

### Orejas hacia atrás con poca tensión

Estoy sometido.
Estoy muy atento porque quiero saber qué es lo que quieres que haga.
Estoy dispuesto a hacer lo que me pides pero sin que abuses.

### Orejas hacia atrás pegadas al cuello

Atención, puedo hacer daño con mi próxima reacción pues estoy muy enfadado.
Cuidado porque no oigo nada cuando estoy así, busca otra solución que no sea ruido para llamar mi atención.

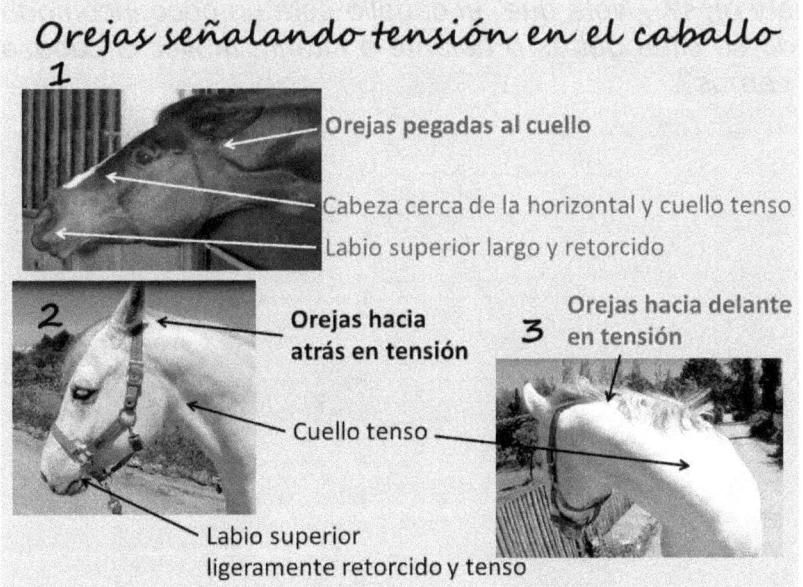

*Orejas señalando tensión en el caballo*

1. Orejas pegadas al cuello
   Cabeza cerca de la horizontal y cuello tenso
   Labio superior largo y retorcido
2. Orejas hacia atrás en tensión
   Cuello tenso
   Labio superior ligeramente retorcido y tenso
3. Orejas hacia delante en tensión

Ejercicio:

*Con un caballo que esté atado o suelto (que sea tranquilo por naturaleza), ponernos a varios metros de él a la altura de la cabeza. Cuando el caballo nos mire, ir andando de manera que se rodee al caballo con un círculo grande hasta llegar al otro lado de su cabeza, fuera del alcance de sus pies y sus manos. Si el caballo está suelto, acabar el círculo poniéndonos justo delante de él. Cuando el caballo gire ligeramente la cabeza es que hemos encontrado uno de los puntos donde él no puede ver. Si se está detrás de él, cuando éste levante la cabeza y el cuello o gire el cuello para vernos, habremos encontrado el otro punto.*

*Mientras haga el ejercicio, observe sus ojos y el movimiento de las orejas: ¿Le siguen?¿Nota cómo le controla a lo largo de todo el círculo?*

*Observe sobre todo el momento en que está justo detrás del caballo (lejos). ¿Levanta la cabeza e intenta seguirlo con orejas y ojos? ¿Nota que el caballo está un poco incómodo cuando se sitúa detrás o delante e intenta mover la cabeza para vernos?*

## ¿QUÉ NOS INDICAN SU NARIZ Y SU BOCA?

Cuando el caballo ataca, muerde, y cuando se defiende, da patadas. Identificar los diferentes grados de tensión de la nariz y la boca es identificar una de las dos "puntas" peligrosas del caballo.

## Posición de nariz y boca

**Labio superior largo, inferior relajado con barbilla en punta, nariz relajada, puedo estar con los ojos entreabiertos**

> Me están rascando el dorso, la crin o la cruz, y es delicioso.
>
> Me pongo así cuando me rasco la crin en un árbol u otro sitio. Puedo llegar a estirar todo el cuerpo para que me rasquen mejor.
>
> Pasarme la rasqueta es un maravilloso masaje que me relaja antes y después de trabajar.

| **Labio superior largo y tenso, inferior tenso, nariz abierta y tensa, orejas con atención dispersa, cabeza levantada y cuello tenso** |
|---|
| Estoy confuso y puedo estar enfadado.<br><br>Atención porque voy a defenderme o a hacer daño si me asusto. Sácame de aquí o tranquilízame. |

| **Labio superior largo y tenso, boca tensa, nariz abierta y tensa formando una zona cóncava hasta la boca, barbilla en punta, cabeza alta con las orejas hacia atrás sin pegarlas al cuello y cuello tenso** |
|---|
| Soy un potro o un caballo muy desconfiado, estoy demasiado enérgico o estoy confuso y con miedo.<br><br>Atención porque mi próxima reacción será de pánico. |

| **Abre la boca y enseña los dientes, pone las orejas hacia atrás, arruga la nariz, sube y baja la cabeza con brío** |
|---|
| Estoy listo para atacar. O me paras, o muerdo en el cuello o en el brazo. Si no sabes imponerte tendrás que salir de mi espacio cuanto antes sin darme la espalda. |

### Abre y cierra la boca, enseñando los dientes, con las orejas relajadas y el cuello estirado

Me comporto así cuando veo algo grande, como puede ser otro caballo, que impone mucho respeto. Le doy a entender que soy pequeño y no represento una amenaza.

### Moviendo el labio de un lado a otro o llevando el labio superior hacia un lado

Cuando me están cepillando y me gusta, empiezo a mover el labio superior de un lado a otro.

Si llevo el labio hacia un lado, tengo ganas de jugar o de rascar también *con los dientes* si se dejan.

Si tengo la boca pegada al suelo, estoy buscando algo que me guste para comer.

Si arrugo la nariz, hay algo que no me gusta. Si entreabro la boca, puedo mordisquear. Si estoy enfermo, significa que tengo malestar. También puede ser que esté irritado por algo. Busca el motivo.

### Labio superior un poco largo, ligera tensión en la boca

En desacuerdo con lo que pasa.

Sin muchas ganas de que me molesten. Estoy tenso, relájame antes de pedirme cosas.

### Labios superior e inferior a nivel, expresión tranquila en los ojos, orejas y cuello relajados

Estoy tranquilo, sin intención de hacer daño, intenta con calma y tranquilidad mantenerme como estoy, pídeme algo que ya entienda y proporcióname tiempo para entender lo demás.

### Labio inferior largo y relajado

Estoy durmiendo.

Si formo una zona cóncava entre el labio superior y la nariz, alargo el labio inferior, tengo los ojos sin expresión aunque atentas las orejas, es que tengo muchísimo dolor y puede que hasta agonía. Que venga el veterinario, que me cure con urgencia. Puede que ya sea tarde.

### Masticando sin comer

Estoy relajándome después de haberme estresado. Utiliza esta señal cuando me estés trabajando, (si me "escuchas", lo sentirás en tu mano).

Aprovecha este momento y comunica lo que quieres porque ahora te escucho. Si empiezo a masticar es porque nos estamos entendiendo.

| **Labio superior levantado como si estuviera riéndose** |
|---|
| No me estoy riendo, sino procurando sentir bien este olor que desconozco.<br><br>Soy entero y voy detrás de una yegua. Voy oliendo la orina para detectar las hormonas de la hembra si está en época de celo.<br><br>Voy a parir un potrillo y me está costando hacerlo.<br><br>Acabo de parir y quiero reconocer al pequeño. |

*Ejercicio:*

*Pasar la rasqueta con vigor al caballo en las zonas donde tiene músculo como el dorso, los laterales de la cruz, por debajo de la crin, en las espaldas y grupa. No hay caballo que se resista, si se sabe hacerlo bien. Si se hace mal, resulta muy molesto para el caballo y éste lo hará notar moviendo cabeza y cola. Hay que probar el pase de la rasqueta de diferentes maneras, hasta que se encuentre la idónea. Si el caballo empieza a mover el labio superior y a buscar con la cabeza para rascarnos a su vez, habremos dado en el clavo. Cuando lo haga, apartemos su cabeza para indicarle que no, pero él puede seguir disfrutando de su cepillado. Ésta es la mejor manera y la más segura de identificar y percibir algunas de las señales que se indicaban en el cuadro.*

Veamos algunas de las demás señales que hemos visto en el cuadro y relacionémoslo con la tensión:

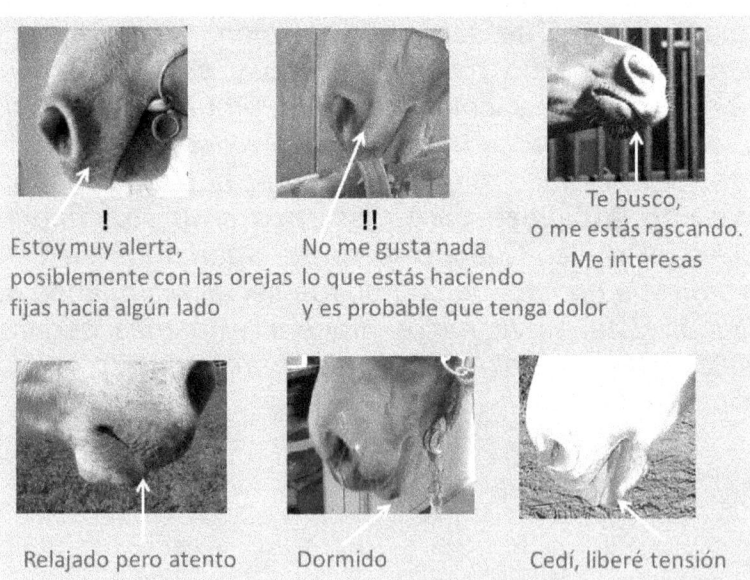

## ¿QUÉ NOS INDICA SU COLA?

La cola del caballo ayuda al resto del cuerpo a dar énfasis a las líneas curvas del animal, otorgándole una u otra expresión al cuerpo. Se trata de la otra "punta" peligrosa del caballo.

La cola nos indica si el caballo está con ganas de juguetear, si está listo para empezar a caminar, si está molesto con algo, si va a estercolar o si está amenazando por algún motivo.

Cuando un caballo está fresco y con ganas de jugar, lo primero que hará será levantar la cola. Al mismo tiempo, la línea superior del caballo (grupa, dorso, cuello y nuca) entra en una tensión particular. El jinete que menosprecia este gesto puede llevarse un susto. Un jinete que ha aprendido a sentir esa tensión, y si ocurre mientras monta, se hará cargo de la situación, así pues, desmontará y le dará una alternativa, bajo control, para que descargue el exceso de energía, a la cuerda o en libertad.

# Posición de la cola

Si muevo vigorosamente la cola es porque no me gusta lo que me están haciendo. Me enfado con las moscas o con algo que me exigen y a mí me cuesta hacer.

Si doblo la cola con ímpetu es que he llegado a un estado de tensión excesiva para moverla con brío. Cuidado, pues cuando la tenso así, **puedo ser peligroso**.

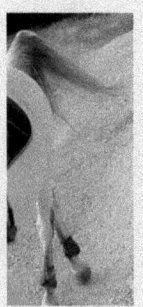

Cuando levanto la cola y enseño mis "aires altos" me apetece jugar
o me preparo para cortejar una yegua
**Estoy demasiado tenso para dar atención a mi jinete, ten cuidado**

## Cómo ganar la confianza de un caballo en 5 pasos

¡No sé si nos entenderemos! cuidado porque no estoy seguro sobre si darte confianza. Toda mi grupa y mi cola están tensas. Si no te la doy, **puedo dañarte** con un "manotazo"

No estoy tan tenso como en la anterior.
Me gustaría evitar el conflicto pero **no me provoques** porque, todavía no sé cual será mi próxima reacción.

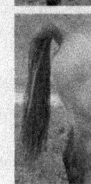
Me preparo para defecar.

Estoy tranquilo, pero atento.
Si tenía la cola relajada y la pongo así, puede que me prepare para avanzar

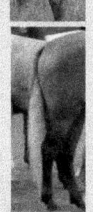
Tengo la cola pegada al cuerpo. Puedo estar enfermo o simplemente asustado.

Pego la cola entre las piernas porque me rindo al peligro o al caballo dominante.
Si la pego de repente porque me asusto, puedo asustarme aún más al notar mi propia cola.
¡Atención!, puedo entrar en pánico

# ¿QUÉ NOS DICEN CON LA CABEZA?

Como muchas otras señales, los movimientos de la cabeza más comunes en el caballo van acompañados de la posición de las orejas y la tensión que muestra en la boca y la nariz.

Debemos analizar la situación en que se encuentra el caballo para saber exactamente lo que pretende.

El caballo que está enfadado, subirá y bajará la cabeza con las orejas hacia atrás con cierta tensión.

Montado por el jinete, subirá y bajará la cabeza si no tiene suficiente impulsión hacia delante por diversas razones: le molesta el peso, tiene un dorso todavía sensible, la embocadura está mal puesta, o le duele la boca por alguna razón.

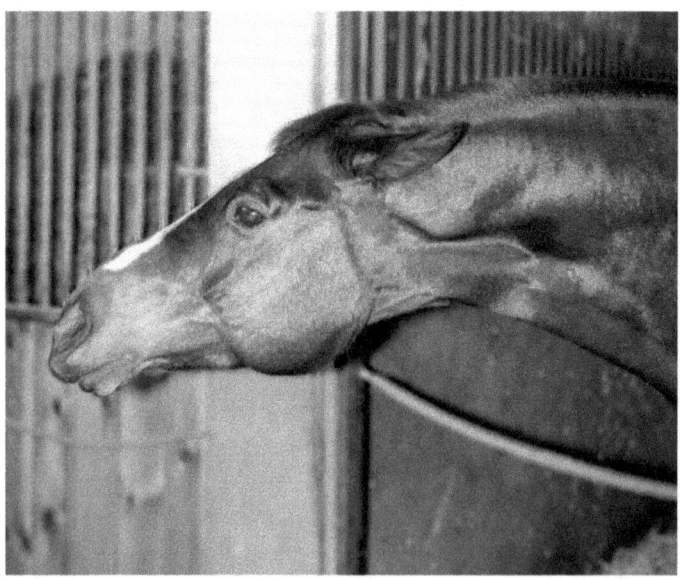

*En la foto el caballo* Hollywood *(propiedad de João Barral) expresando un claro desagrado debido a mi presencia delante de él. Lo demuestra con la expresión tensa en los ojos, las orejas tensas y muy cerca del cuello sin tomar atención a su alrededor, labio superior largo y tenso, y cuello en tensión y largo. Esta es una señal de amenaza aunque no está todavía decidido a atacar, no lleva la frente completamente horizontal.*

Tenga cuidado cuando el caballo levanta la cabeza, pone la frente casi en la horizontal y pega las orejas al cuello. Es una clara señal de amenaza.

Otro gesto que hay que tener en cuenta es cuando el caballo levanta la cabeza, expresa con los ojos que está mirando hacia atrás, tiene el hocico en tensión y lleva las orejas hacia atrás tensas. Todas estas señales emitidas a la par reflejan tensión y miedo, y se mostrará confuso en cuanto al gesto siguiente. El desenlace de esta reacción depende de nosotros.

El caballo que está simplemente espantando moscas llevará la cabeza algo más baja, aunque no tensará las orejas. Hará lo mismo intentando librarse de una cabezada que se ha colocado mal. Tal vez intercale movimientos del cuello hacia los lados, y si está muy molesto hará el gesto de quitarse el polvo de encima como si se hubiese revolcado en la arena.

Cuando sube y baja la cabeza lentamente y lleva las orejas relajadas hacia delante, nos indica que está intentando ver algo que hay allí delante y que no logra enfocar. Para que vea mejor, lo acercaremos o lo cambiaremos de posición. Cuando esto acontece, normalmente la frente estará cerca de la vertical (un caballo que no está seguro de entrar en un remolque bajará la cabeza para ver mejor la rampa que ha de subir).

*En la foto vemos a Duna (propiedad de Laura Rahola), insegura de pasar por un lugar que le asusta.*

Cuando quieren llamar nuestra atención, se interesan por lo que llevamos en la bolsa o quieren que los rasquemos (en ocasiones pide otro caballo para rascarse mutuamente) nos empujarán ligeramente con el hocico.

Encontraremos un gesto parecido en caballos que están sufriendo (y en agonía). Las yeguas, cuando paren, también lo suelen hacer, y con este mismo gesto empujan a su potrillo para que encuentre las ubres.

¡Atención! Un empujón bruto con la cabeza es una clara señal de dominancia y no hay que permitirlo.

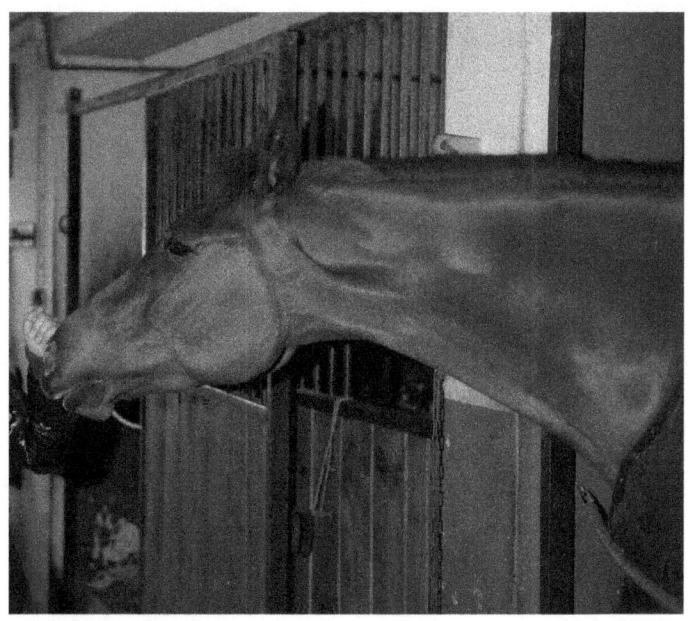

*Note la diferencia de actitud de este caballo,* Don do Paço (de Francisco Caldeira), *de la del caballo* Hollywood *en la foto de la página 42 frente a mi presencia. Este caballo busca claramente afecto, lo demuestra con la expresión relajada en los ojos, las orejas relajadas pero atentas al fotógrafo, labio superior largo pero relajado y cuello estirado pero relajado.*

Los caballos, como los perros, en ocasiones esquivan con la cabeza en señal de que quieren evitar el conflicto. Lo harán sólo con la cabeza o bien con el cuello entero. Así se desvían también de alguna patada cuando juegan con otros caballos o durante una pelea.

Cuando no están a gusto con perros, niños, gatos y otros animales más pequeños, bajarán cabeza y cuello y los empujarán con el hocico de forma brusca, con las orejas en tensión o indecisión. Normalmente este gesto antecede a un manotazo que puede dañar al otro animal. Cuidado con los niños, que no lo prevén.

Los caballos utilizan su cuerpo para empujar reclamando espacio. Es un acto claro de dominancia para ganar terreno sobre nosotros. Hay que tener esto en cuenta cuando vamos a buscar caballos al campo, porque algunas veces, las yeguas protectoras utilizan este medio para marcar terreno entre nosotros y sus protegidos, poniéndonos en riesgo de recibir una coz si estamos dentro de su radio de acción. El caballo protector, empezará por ganar terreno, ya sea con disimulo o bruscamente, metiendo la cabeza por en medio; luego nos empujará, si hace falta, con la espalda y el cuerpo para que nos apartemos. Aunque nos apartemos por un momento, si seguimos insistiendo, no solucionaremos el problema y seguro que llegará la patada defensiva. Si tenemos ya al potro con la cabezada y sujeto de la cuerda, y se cruza algún caballo debemos soltar la cuerda sin pensárnoslo dos veces. Volveremos a intentarlo al cabo de un rato, apartando al protector de antemano.

## ¿QUÉ INDICAN LAS MANOS, LOS PIES Y LOS SONIDOS (RELINCHOS Y OTROS)?

Cuando dos caballos se conocen, se olerán primero hocico a hocico. Si uno de ellos no está seguro del otro, probablemente dará un chillido que puede ir acompañado de un manotazo para avisar al otro de que mantenga la distancia y evitar el conflicto hasta que sea necesario. Si el otro caballo está detrás porque no han tenido oportunidad de estar cara a cara y se acerca demasiado, el primero podrá hacer lo mismo con los pies.

Una vez han cobrado confianza y se ponen de acuerdo con su presencia uno y otro, se dedicarán a olerse la cara y las crines. Si llegan al buen entendimiento, se aceptarán e incluso puede que empiecen a rascarse mutuamente. Si no llegan a un acuerdo, lo más probable es que el dominante amenace al otro y el éste se aleje.

Por norma, no debemos permitir que los caballos se nos acerquen y nos olisqueen sin antes haber demostrado que respetan nuestro espacio. Esto es importante porque los caballos cerriles y los caballos con poca educación (sobre todo los enteros), no están siendo "simpáticos" cuando se nos acercan sin pararse y nos empiezan a oler la cara y el pelo.

El potro que se está separando demasiado de su madre, será llamado por ésta con relinchos bajos y cortos.

Cuando se produce el destete del potro y lo separan definitivamente de su madre, intercambiará con ella relinchos altos, largos, con voz desesperada.

Un caballo impaciente y/o aprensivo, lo hará entender con un bufido y rascando el suelo con una de las manos o alternando ambas manos.

El caballo que está demasiado fresco y juguetón, que descubrió algo que le produce ansiedad, lo demostrará abriendo las narices, tensando el cuerpo, acompañándolo con aires altos y elegantes y resollando bruscamente.

Existen muchas señales que no hemos mencionado aquí, porque un libro no bastaría para exponerlas todas. Las que hemos visto son algunas de las más comunes. Nos corresponde a cada uno de nosotros, observar, aprender, estudiar todo lo que podamos sobre ellas, pues cuanto más señales sepamos identificar, más fácil se volverá la convivencia y la comunicación con nuestros caballos.

Una vez identificadas algunas de las señales que emplean los caballos para comunicarse con nosotros, es de suma importancia que sepa distinguir entre **_LA REACCIÓN DEFENSIVA Y EL ATAQUE AGRESIVO,_** tantas veces confundidos.

Cuando el caballo:

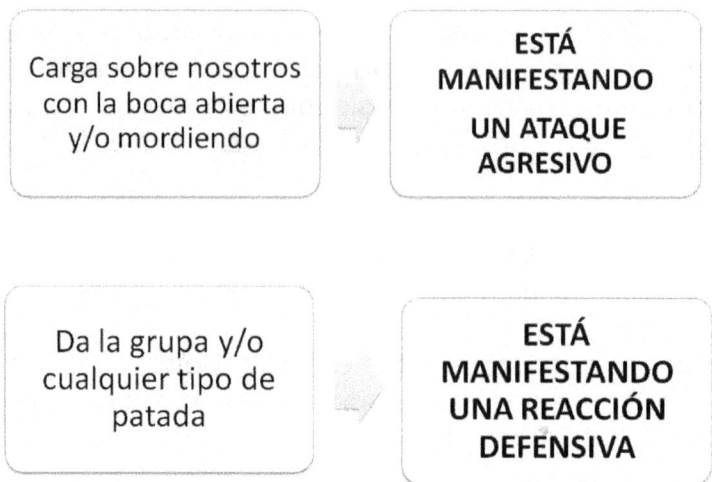

Cuanto más dominante sea el caballo o yegua, más tendencia tendrá a atacar que a defenderse.

No se debe permitir que un potro (sea caballo o yegua) muerda bajo ninguna circunstancia. En pequeños puede resultar gracioso que intenten mordisquearnos, pero cuando los dientes crecen y las intenciones son otras, dejará de tener gracia y además es peligroso.

Que los caballos jueguen entre ellos no significa que puedan jugar de la misma manera con nosotros, por razones obvias de peso y tamaño. Los juegos agresivos que tienen entre ellos, y que en el futuro servirán para dominar a los enteros forasteros, son muy importantes para su educación entre el grupo, y para establecer su carácter y su capacidad física en adelante, pero no tienen lugar ni utilidad alguna en nuestro día a día con ellos. Un potrillo con algunas semanas de vida que nos pone las manos en los hombros para juguetear, seguirá haciéndolo siendo adulto, pero entonces pesará quinientos kilos y no tendrá intención de jugar sino de dominar.

Caballos que sufran intensamente por dolor, por hambre y/o malos tratos, como los caballos abandonados, exigen un cuidado especial. Un caballo en ese estado puede atacar sin aviso.

## SEÑALES DE AMENAZA PREVIOS A LAS ACTITUDES MÁS PELIGROSAS DEL CABALLO

**La amenaza defensiva** (precede a la patada) suele dar las siguientes señales, antes y entre las cuales existe tiempo suficiente para evitarlas si estamos atentos y las reconocemos:

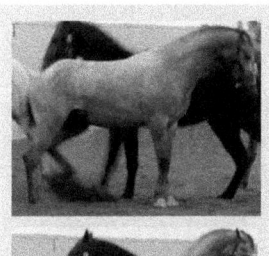

- Ligero giro de cabeza
- Orejas hacia atrás con boca tensa y nariz arrugada
- Gira la grupa hacia la amenaza con la cola pegada al cuerpo

- Puede levantar un pie
- Luego una mano
- Se apoya sobre los posteriores
- Puede ir acompañado de un grito

- DISPARA LA COZ CON LOS DOS PIES

**El ataque agresivo** es más difícil de prever, ya que el caballo agresivo con intención de dañar, no suele avisar. El que amenaza demasiado, normalmente no es el más agresivo. El caballo suele atacar al que considera enemigo cuando éste está de espaldas y cuando menos lo espera. Contra otro caballo, atacará directamente al cuello y, en caso de errar, atacará a las manos, hiriendo cuanto pueda para que el otro quede cojo e indefenso. Hará lo mismo con nosotros: Si no logra agarrarse al cuello, lo intentará con el brazo.

- Levanta la cola ligeramente

- Pega las orejas al cuello y mueve la cabeza hacia arriba y hacia abajo manteniéndola alta con cuello y hocico en tensión

- La expresión de odio llega a dar escalofríos a quien la reconoce

- Dobla la cola y la lleva tensa, sigue moviendo la cabeza y abre y cierra la boca algunas veces

- El ataque es inminente cuando levanta una mano como señal de querer avanzar

- CARGA CON FUERZA Y SIN PIEDAD SOBRE EL CONTRINCANTE CON LA BOCA ABIERTA ENSEÑANDO LOS DIENTES

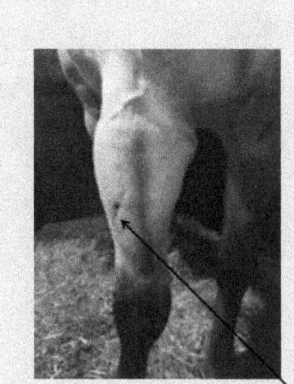 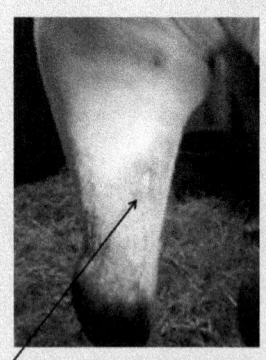

Agujeros de los dientes de un ataque agresivo, en la cara interior y exterior de la mano derecha

## *RECUERDE:*

Nunca nos alejaremos de un caballo dándole la espalda. Una vez nos damos la vuelta, dejamos de observar al caballo, y los caballos que atacan o juegan mordiendo aprovechan ese momento.

Tengamos en cuenta lo expuesto más arriba si pretendemos hacer algún tipo de doma a pie utilizando el lenguaje equino. No pretendamos mostrarnos de forma dominante, sobre todo con los caballos enteros y dominantes. Pensémoslo dos veces. Hay que tener mucho cuidado, sobre todo, con mostrar incluso sin querer, señales de agresividad con la actitud de las manos y la postura del cuerpo, ya que podríamos estar enseñando al caballo a atacar ferozmente, y si lo hace, recuerde que puede llevar a cabo el ataque de dos formas:

- Atacando directamente al cuello.
- Agarrando el brazo con los dientes e inmovilizándonos contra el suelo.

Una vez el caballo ha aprendido a atacar y a vencer en el ataque, en adelante lo hará una y otra vez. La vuelta atrás en estos casos es larga y complicada.

Es imprescindible que se encuentre en un estado mental que le permita ver y sentir las señales que le transmiten sus caballos, para aprovechar su tensión de forma provechosa en el trabajo con ellos. Les tendrá que inculcar la necesidad de estar tranquilos, ser pacientes, atenerse a su ayuda y mostrarse dispuestos a responder a los obstáculos que vaya encontrando en cualquier disciplina que practique con ellos. Sin su calma, decisión y paciencia, sus caballos se sentirán perdidos. Los caballos con tendencia a someterse no soportan tener que liderar la relación y se desquician, los caballos amigos con tendencia a dominar podrán hacernos daño, y los líderes también se desquician pudiendo llegar a matarnos si no sabemos controlar nuestras emociones y trabajar con el estado mental propicio para llevar las riendas de nuestra relación.

Para que consiga un estado emocional estable, que haga frente a todas las situaciones, he preparado el secreto siguiente. Es preciso leerlo con atención, porque es, sin duda alguna, el más importante para relacionarse con los caballos de una forma sana y segura.

# TERCER SECRETO

## Cinco pasos para gestionar su propia tensión

En este capítulo y el siguiente trataremos de las emociones positivas y negativas que controlan nuestra mente y la reacción del cuerpo, así como del talante y la reacción del caballo, para que nos responda de forma provechosa al trato que tendremos con él y de acuerdo con nuestro trabajo.

Las emociones positivas nos cargan de energía positiva y las emociones negativas, la merman.

Cuando las emociones negativas superan a las positivas, nuestra energía pasa a ser negativa en todo lo que hacemos, pues perdemos concentración, ganas de trabajar, estamos a la defensiva con los demás, tendemos a estar tristes, cansados, con una baja autoestima, y perdemos el control en todas las situaciones que nos provocan tensión.

Cuando las emociones positivas superan a las negativas, estamos constantemente cargados de energía, trabajamos con ganas, nos concentramos en nuestros objetivos y en la forma de lograrlos, irradiamos simpatía por los demás y contagiamos nuestra felicidad y despreocupación a los que nos rodean, demostrando confianza y autocontrol.

Dicho esto, es fácil entender que, si se diese a escoger al caballo, se acercará a la persona que se muestra positiva y desconfiará de la persona negativa.

A continuación, la pregunta es la siguiente:

**Si no somos capaces de controlar nuestra tensión y nuestras emociones, ¿quién lo hará por nosotros en los momentos más importantes o más peligrosos de nuestra vida?**

El aficionado a la equitación deberá pasar por una fase de reconocimiento de sí mismo para llegar a conocer al caballo que monta o cuida. Si uno no reconoce sus propias emociones, sus errores y sus virtudes, será incapaz de hacerlo con el caballo.

Si el jinete está envuelto en tensión y lleno de problemas, será incapaz de percibir lo que siente el caballo, cómo se mueve, lo que va a hacer, lo que acaba de hacer y por qué, no sabrá resolver los fallos en la comunicación, y mucho menos lograr un objetivo a largo plazo.

Por desgracia, el error más común es aspirar a unos objetivos para los que no estamos preparados, porque no nos conocemos o no hemos aprendido a controlar nuestras emociones, con lo cual es imposible hacer la gestión de las emociones del caballo.

En esta situación, no contamos sino con una pérdida de control en situaciones en las que el caballo nos va a poner en peligro.

Veamos unos ejemplos:

- Si ponemos a un niño a caballo sin haberse acostumbrado con tranquilidad a los movimientos naturales y al tamaño del animal, estaremos abonando problemas para el futuro. Pensar que los niños tienen que montar a caballo desde pequeños es un error muy frecuente. Los niños tienen que aprender a establecer desde pequeños una relación con los caballos pie a tierra. Lo cual sí es importante para el desarrollo del niño. Montará si le apetece, si le gusta y siente la necesidad de hacerlo, y será campeón de equitación si tiene perfil, caballo, profesor, y condiciones para ello.

- Un jinete que no está relajado encima del caballo y tiene como objetivo colocar la cabeza en la posición que indican los libros, obtener impulsión, reunión o mejorar el equilibrio del caballo, ¡se ha saltado la fase más importante, que consiste en sentir al caballo a través de su propio cuerpo! Un jinete que no siente si el caballo va relajado o tenso, derecho o torcido, no puede pretender ejecutar y mucho menos enseñar un apoyo, una cesión a la pierna o un círculo en condiciones.

- El que quiere ir al campo a buscar un caballo que no se deja agarrar por el motivo que sea, y entra en el *paddock* pensando que el caballo es un maleducado y que *se va a enterar* si no se deja agarrar, no tendrá la más mínima probabilidad de conseguirlo.

Los caballos observan constantemente a los demás en busca de cualquier señal de tensión que interpretarán como señal de alerta para huir, defenderse, amenazar o atacar. Para caballos domésticos, *los demás* somos nosotros, que estamos siempre cerca de ellos, y son sublimes en captar nuestra tensión. Si hemos pasado un mal día en el despacho o en el trabajo y nos acercamos a un caballo, existen dos alternativas: olvidarse de lo mal que estamos y empezar de cero con el animal, o exponernos a que fastidiemos el momento ecuestre. Sería mejor emplear el tiempo que se había pensado dedicar a los caballos en soltar tensión haciendo otra actividad que ayude a disipar el malhumor, sin que pague por ello el animal o cualquier otro ser vivo.

El caballo notará nuestro estrés aunque lo intentemos *disimular*. Volvamos de nuevo a la frase del inicio: **El caballo no engaña y es imposible engañar a un caballo**.

Es una buena razón para que se acostumbre a demostrar SIEMPRE señales de tranquilidad cuando se dedique a enseñar al caballo, sobre todo cuando el animal se pone tenso por algún motivo.

En los capítulos anteriores hemos hablado del conocimiento básico del lenguaje del caballo. En las páginas que siguen hablaremos de la siguiente fase del *camino ecuestre* que ha de seguir cualquier aficionado o profesional de los caballos que quiera ganar la confianza del animal que tenga entre las manos.

Enseñaré 5 pasos por orden, para que aprenda a gestionar su propia tensión como jinete y aficionado. Se trata de pasos que servirán para acordarse SIEMPRE de la base, haga lo que haga. Recomiendo vivamente volver a leer estas páginas cada vez que surja un malentendido con el caballo y donde la solución no parezca obvia.

## Paso 1

## Entrénese para ser optimista

Comencemos con un ejercicio:

*Cierre los ojos y recuerde un momento feliz que haya pasado entre caballos, un momento único e inolvidable.*

*¿Está usted presente en el recuerdo o se encuentra observando de lejos?*

*Ahora cierre de nuevo los ojos y recuerde un momento desagradable que ha pasado con los caballos. No es cuestión de acordarse de un suceso especialmente traumatizante, sino de un momento menos bueno que haya pasado entre ellos.*

*¿Está usted presente en el recuerdo o está observando de lejos?*

Según los especialistas en *Programación Neurolingüística*, la **persona positiva** se acuerda de los momentos positivos formando parte de ellos, reviviéndolos decididamente en toda su extensión, y se acuerda de los momentos negativos como mero observador de la experiencia, sin incorporarse a ella.

La **persona negativa** se acuerda de los buenos momentos permaneciendo dentro o fuera del recuerdo, pero revive las experiencias negativas con cuerpo y alma, sintiendo de nuevo aquel disgusto.

La persona depresiva acostumbra ver el recuerdo de las experiencias positivas desde la distancia y revive de nuevo las experiencias negativas.

Los mejores atletas del mundo no gastan su energía en lamentos en torno a los momentos en que fallan. Dan la espalda a sus errores y concentran su energía en tender a mejorar. Uno de los gestos habituales de los mejores tenistas del mundo, es dar literalmente la espalda al juego cuando se equivocan o no aciertan como era debido. Ese gesto, aunque inconsciente, por un lado le ayuda a recuperar pulsaciones y, por otro, le ayuda a seguir su camino y concentrar sus energías en la jugada siguiente.

Veamos como ejemplo a un jinete que se encuentra realizando el desempate en un campeonato del mundo de salto:

> Para obtener el primer lugar es necesario saltar sin errores con el mejor tiempo, pero en el segundo salto se le escapa una barra y registra cuatro puntos. Si pierde energía pensando en la barra que derribó, es muy probable que no sólo no quede primero, sino que pierda las medallas de plata y de bronce por no haber concentrado sus energías en conservar solamente cuatro puntos e intentar ser el más rápido. El jinete que se muestra superior le restará importancia a la barra y se agarrará psicológicamente a lo que todavía es posible conseguir. El jinete que se muestra negativo lo echará todo a perder si se relega al pasado y no se dedica a pensar en lo que queda por hacer.

Hemos de aprender y acostumbrarnos a ser positivos. Es imprescindible empezar desde el primer momento con detalles pequeños del día a día. El que es negativo con sus caballos, normalmente lo es también en la vida diaria. Pero, con vistas a conseguir el pensamiento positivo, no hay que amilanarse, sino proponérselo a partir de este momento. Es una oportunidad para ejercitarse más veces. Lograr que el caballo no se rasque en nuestro hombro se llevará a la práctica toda vez que estemos con el caballo, pero ser positivo es algo que se puede adquirir en todos los momentos del día.

Comience a pensar en sus errores y meteduras de pata como oportunidades para mejorar. No quite importancia a los errores, porque constituyen el inicio del aprendizaje. Aprenda a utilizarlos como un medio para acertar con la alternativa válida. Si sabe hacer algo pero se equivoca, no le dé más vueltas. Hágalo bien la próxima vez, ya que sabe hacerlo. Si vuelve a equivocarse una y otra vez no es porque sea inepto, sino porque algo falla. Vuelva atrás. Haga algo para cambiar el resultado de forma permanente.

En calidad de aviso: *Las recomendaciones de este libro dejarán de funcionar si no hacemos el esfuerzo de llegar a ser optimistas de forma permanente.*

Es necesario ejercitarse, utilizar los errores más nimios que cometamos durante el día pensando en lo que pasó, por qué ocurrió y qué vamos a hacer para que no ocurra más. Puede parecer insignificante pero no lo es. Adquiera esta costumbre y advertirá que las cosas pasan a tener otro color en la vida. Luego pasará a aplicarlo de forma natural en su trato con los caballos.

Nadie puede ser líder de sí mismo ni de nadie sin ser optimista. Cuando somos negativos, no somos capaces de tomar las riendas de nuestra vida y mucho menos las riendas de nuestros caballos, y estamos dando la oportunidad de que o las tomen ellos, o queden desquiciados y se vuelvan imprevisibles hacia nosotros.

Por desgracia, un tema como el del liderazgo en el mundo de los caballos se utiliza tan mal, que se relega a una de las nuevas *pseudo disciplinas,* de manera que el mando parezca sólo alcanzable por quienes tuvieran algún don especial con el que ganarse la confianza de los caballos.

Es verdad que muchos jinetes deberían bajar del caballo y no volver a montar hasta comprender lo que es un caballo, qué siente, cómo reacciona y cuáles son sus necesidades.

Pero no necesita de un don natural para relacionarse de forma segura y progresar con sus caballos. Se trata de saber liderarlos y el liderazgo forma parte de LA BASE de TODAS las disciplinas que quiera practicar, bien sobre el lomo, bien a pie con su caballo.

El caballo necesita que lo lideren. Si no lo hacemos nosotros que somos responsables de su bienestar, se volverán inseguros e imprevisibles, con las consecuencias que esto implica. Punto. No tiene misterio. No es ninguna disciplina rara ni nueva.

Si lo tenemos claro, ha llegado la hora de establecer los objetivos para asumir un liderazgo competente con los caballos.

## Paso 2

## Defina sus objetivos para asumir el liderazgo

Los verdaderos hombres y mujeres de los caballos, quienes en realidad hacen que las cosas acaben resueltas, consiguen que todo parezca fácil, asumen el liderazgo sobre sus caballos y logran poner orden en situaciones muchas veces caóticas, sin que los demás apenas nos demos cuenta.

Ellos revelan, a quien observe con atención, una serie de características muchas veces ignoradas por el aficionado común, que marcan la diferencia entre *unos y otros*. A lo largo de todo el tiempo que llevo entre caballos, me he dado cuenta de lo siguiente:

*La cualidad más bella que se puede encontrar en un verdadero hombre o mujer de caballos es su humildad ante ellos.*

Después de reflexionar un poco sobre la última frase que he escrito, daré una noción de otras cualidades que caracterizan a un buen líder de sus caballos y que le podrán ayudar a trazar sus propios objetivos:

- Piense en lo que desea alcanzar y tenga fe. Ha de creer en ello de verdad para prepararse frente a las adversidades que aparezcan por el camino y esforzarse por seguir siendo optimista.

- Apure y cultive el sentido de la justicia. Para tal propósito, necesita de conocimientos. Es necesario conocer el cuerpo y el talante del caballo, cómo se desenvuelve, cómo se comunica, qué instintos y qué necesidades tiene y su forma de aprender en las diferentes épocas y situaciones de su vida.

- Conviene diseñar un plan general y otros alternativos bien definidos, para luego ir improvisando sobre la marcha utilizando las capacidades adquiridas a lo largo de la experiencia. Digo *improvisar* porque es posible tener en cuenta y minimizar los riesgos que corremos y los errores que cometemos si trazamos planes y objetivos, pero no es posible controlarlo y calcularlo todo. Si bien se puede sistematizar la base para llevar a cabo la práctica de la equitación, no es un deporte matemático, felizmente hay mucho margen para actuar según nuestro instinto, conforme nos vamos sintiendo más capacitados y confiados.

- Haga un esfuerzo constante en cooperar con los caballos e intente ir al encuentro de sus necesidades en cada momento.

- Practique una autodisciplina ejemplar en mostrar simpatía, entendimiento y voluntad de solucionar los conflictos de forma constructiva para los caballos y para sí mismo.

- Sea firme en las decisiones. Equivocarse está permitido cuando tomamos una decisión clara y firme pero las dudas e indecisiones pueden ser peligrosas en situaciones críticas. No aprendemos nada de las indecisiones. Aprenderemos de nuestras decisiones. Si son buenas, sirven para repetir, si son malas sirven para mejorar. En caso de duda ante un conflicto, es mejor esperar a encontrar una solución o dejar de hacer lo que estamos haciendo, respirar hondo, pensar en ello, tomar una decisión y empezar de nuevo.

- Aprenda a confiar en sí mismo educándose de forma constante para asegurar su capacidad y gestionar el estrés, así como el del caballo que tenga entre manos.

- Asuma plena responsabilidad por los resultados y no olvide que es el jinete quien conduce el caballo en una situación determinada. Por lo tanto, somos los únicos responsables.

El último argumento parece el más frustrante de todos cuando los resultados no son los esperados. Una de las ideas que me transmitió mi querido amigo, profesor y mentor durante muchos años, Francisco Caldeira, es que somos nosotros quienes llevamos al caballo a saltar, o de paseo, o de concurso, porque nos apetece, aunque nuestra vida social o económica dependa de ello. De forma que, si va mal, es nuestra obligación asumir que fue culpa nuestra al cien por cien, sin disculpas ni excusas. Es la única manera de mejorar y de formar un cuerpo en conjunto con el caballo que montamos, y al fin, alcanzar los resultados que tanto deseamos obtener.

Cuando los resultados son positivos, es lo más maravilloso que puede suceder, porque nos responsabilizamos plenamente de los momentos de satisfacción de los que vivimos quienes amamos de verdad a los caballos y cuanto los rodea. Esos instantes son el combustible de nuestro ego, nuestra felicidad, nuestro crecimiento y nuestro reconocimiento. Todos deseamos esos momentos, secretamente, y lo que es más importante, *son momentos que nos unen todavía más a nuestros amigos los caballos.*

He decidido escribir sobre las cualidades del liderazgo para que las tenga en cuenta según lo que haga con sus caballos en la actualidad. Piense sobre ellas y dispóngase a establecer nuevas metas con las que los caballos le otorguen el valor debido, le respeten y gane de su parte la confianza que merece.

Lo cual no significa que tenga que obsesionarse con ellas.

En el paso siguiente verá la forma de mantener sus objetivos, mientras se da tiempo, tranquilamente, para trabajar con los caballos.

## Paso 3

## Desconecte de los resultados y actúe como si tuviese todo el tiempo del mundo

**Pregúntese qué es peor: ¿no tener objetivos o vivir obsesionado por ellos?**

Exacto. Ninguna de las dos cosas. Hemos aprendido que necesitamos objetivos concretos que nos iremos proponiendo en función de los resultados, planes alternativos y un objetivo final. Cambiaremos de estrategia si vemos que nuestros planes no resultan sobre la marcha.

Si no hay un objetivo definido, tampoco obtendremos resultados, sencillamente porque no hemos decidido desde el inicio lo que pretendíamos, y empezaremos a sentirnos perdidos y frustrados.

Por otro lado, si vivimos obsesionados en ganar dinero con los caballos, en saltar más de lo que estamos saltando, en ganar desesperadamente la confianza de un caballo complicado, en realizar un apoyo perfecto con un caballo de 5, 10, 15 o 20 años, en sostener el peso en los posteriores del caballo en todo momento, en mantener la incurvación durante todo el círculo, en que el caballo desequilibrado no corra entre los saltos, en vender nuestro caballo o en ir a los Juegos Olímpicos, desde luego contamos con altas probabilidades de hacerlo de forma poco ética o no lograrlo en la vida.

Si nos obsesionamos y por fin desesperamos, nos costará relajarnos y concentrarnos, dejaremos de establecer una base sólida, ignoraremos la secuencia de los pasos y empezaremos a forzar las cosas, nos haremos intolerantes, precisamente porque sólo tendrá lugar en nuestra mente el resultado final.

Desde muy pequeña adopté una técnica para ir a buscar al campo los caballos. Es la misma que utilizo hoy en día de forma consciente en diversas situaciones.

Tendría unos nueve años cuando me mandaron ir a buscar un caballo al campo por primera vez, en la hípica donde montaba. Se trataba de un pony que no dejaba que se le acercara nadie cuando estaba suelto, y recuerdo que pensé que tenía todo el día por delante aunque no hiciera nada más en todo el día. El turista que estaba pendiente del caballo tendría que montar otro para salir de excursión. Así es que fui para allá.

Entré en el campo cantando, di alrededor del pony unas cuantas vueltas amplias, sin mirarlo pero controlando de reojo sus gestos, cerré las vueltas cantando, se me acercó, le puse la cabezada y me lo llevé. Tardé poco en llegar con él a las cuadras. A partir de entonces, ir a buscar aquel pony sería mi tarea todos los fines de semana y en la temporada de verano. Aunque me extrañaba mucho que nadie lograse agarrarlo, porque yo no hacía nada que resultara especial.

Más tarde lo analicé. Sencillamente, fui cantando tan tranquila, entré igual en el recinto, me despreocupaba el hecho de alcanzar el objetivo, estaba segura de ello, si no era en aquel momento sería posible en otro. El pony notó mi despreocupación y, además, le apetecía estar con alguien despreocupado de quien no tenía que temer la amenaza o el estrés. A lo mejor sentía curiosidad por el pelo de aquel ser, las camisetas de colores y unas botas más bien grandes. Nunca le tuve que dar una zanahoria para ponerle la cabezada.

El estrés que se siente cuando se quiere hacer algo por encima de todo, crea presión al caballo y sus reacciones serán, en consecuencia, defensivas. No hay ningún caballo que esté a gusto en esas condiciones, y si ganar la confianza de un caballo es hacer que esté a gusto con nosotros, la inquietud es algo clave a evitar.

*Ejercicio para aplicar en su día a día:*

*Antes de ir al encuentro del caballo disponga de unos minutos para pensar en el objetivo final. Piense en el punto en que se encuentra y hágase la siguiente pregunta:*

**¿Cómo puedo ayudar en estos momentos al caballo a acercarlo a la meta y por dónde empiezo, facilitándole al máximo el camino?**

*Conforme el tiempo que tenga para estar con el caballo, establezca objetivos muy asumibles para esa sesión y ese caballo y actúe como si tuviese todo el día. Relájese, sienta en primer lugar al caballo, y vaya trabajando en función de lo que sienta. Si logra su primer objetivo más rápido de lo previsto piense en el próximo, pero teniendo en cuenta el tiempo de que dispone. Si por algún motivo cree que no da tiempo, déjelo estar. Dedíquese a otras cosas que no requieran esfuerzo y concentración a ninguno de los dos.*

Durante el ejercicio, pido que se relaje. Seguro que es todo un reto relajarse si a primera hora nos hemos dormido, se acabó el agua caliente de la ducha, tardaron media hora en servirnos el desayuno en el bar, entramos en el coche y el embrague daba señales de una reparación inminente, la hora punta a la salida de la ciudad fue una broma de mal gusto, y encima, todos los semáforos estaban en rojo, mientras pensábamos en los caballos, ¡que ya deberían haber estado comiendo o trabajando hace rato!

Malos días los tenemos todos, pero si no empezamos a ejercitarnos y adoptar la costumbre de librarnos del estrés puntual, corremos el riesgo de caer en una rutina de estrés diaria que nos atropellará con irritación constante, dolores de espalda y musculares, falta de paciencia para todo y para todos, y no llegaremos a concretar el objetivo por mucho que trabajemos. En cuanto a los demás, lo notarán todos a nuestro alrededor y se alejarán.

En esas condiciones, nuestros caballos irán de mal en peor porque dejamos de pensar, de actuar de forma racional, de sentir lo que hacemos, y respondemos de forma agresiva a todo cuanto nos ocurre mientras estamos con ellos. Al igual de quienes nos rodean, los caballos harán lo posible para alejarse de nuestro estado de ánimo.

El siguiente paso le lleva a reconocer los momentos en que es necesario quebrar ese círculo, antes de que el caballo perciba esa actitud y actúe en consecuencia. Aprenda, pues, a conocerse, para saber controlarse.

## Paso 4

## Aprenda a conocerse mejor para saber cuál es el momento de relajarse y recuperar energía

En una ocasión, asistí a un curso intensivo de perfeccionamiento con un jinete de salto, medalla de plata olímpico que, durante aquellos días, se abstenía de almorzar. Como algunos participantes no hablaban su idioma y yo sí, decidí echarle una mano y traducir sus palabras. Me supo mal verlo sin comer y le pregunté si necesitaba algo. Me respondió que conocía su cuerpo y que si comía entre las clases le entraba sueño y se concentraba menos. Insistiendo un poco, le pregunté si no podía comer y tomar un café luego. Me explicó que el café le despejaba durante unas horas (y lo hacía algo irritable...), pero el cansancio que acumulaba después era peor. Como eran muchas horas, la concentración disminuía y, sin duda, repercutía en la enseñanza que impartía a sus alumnos. Sacó unas galletas, dijo que llevaba fruta y agua para tomárselas luego, y siguió dando la clase.

Cuando hablamos con este tipo de deportistas, notamos que ya le han dado muchas vueltas a su propio cuerpo y que conocen su funcionamiento de forma regular.

Ser un verdadero atleta requiere concentración, confianza, autocontrol y mucha perseverancia. Precisamente lo que necesitamos para nuestra relación de confianza con los caballos (ya sean montados o no).

La diferencia que tiene este deporte con otros es que, si un día no estamos a la altura, el trato con algunos caballos se vuelve peligroso. Además, lo forman dos atletas de diferente especie, *y uno tiene que saber transmitir esas cualidades al otro para formar un buen binomio.*

Un animal como el caballo es capaz de transmitir este tipo de cualidades a la persona que empieza, de forma que acabe absolutamente *adicta* a la relación de confianza con el caballo. Un caballo seguro de sí mismo, bien educado y capaz de transmitirnos ese tipo de virtudes nos hará sentir de una forma especial. Tan especial que será capaz de hacer que un niño autista empiece a relacionarse en forma plena con su entorno, y tan especial que enseñará a un niño con problemas de comportamiento una buena lección sobre el significado de la responsabilidad y las consecuencias de sus actos (positivos o negativos).

Si queremos ser nosotros quienes transmitamos ese tipo de cualidades a los caballos, deberemos entrenar el cuerpo para aprender a relajarnos, a respirar, y a eliminar los movimientos de ansiedad cuando estemos cerca de ellos.

Es importante recordar que la mayoría de accidentes ecuestres suceden debido a causas, entre otras, que competen al jinete, como:

- Menospreciar o ignorar las señales de amenaza que el caballo transmite.
- Fallos en la concentración de quien se sitúa junto al caballo o sobre él.
- Reacciones bruscas provocadas por el miedo y la inseguridad.
- Reacciones provenientes de nuestro estrés diario, que confunden al caballo y lo hacen reaccionar de forma defensiva.
- Falta de control del movimiento durante ejercicios básicos como subir o bajar del caballo.

Los siguientes ejemplos, muy sencillos, demuestran que la concentración en lo que estamos haciendo y el control de nuestro cuerpo son esenciales para evitar ciertos accidentes:

- Mientras nos encontramos poniendo un protector en un pie o una mano del caballo o esquilándole los pies, el animal empieza a arrugar la piel con desesperación o a mover la cola con vigor. Es posible que un tábano o mosca de buey lo esté molestando y es muy probable que acabe dándonos una patada en la cara, o muy cerca, sin que sepamos por qué si no conocemos las señales, las ignoramos por no estar atentos o si no estamos listos para reaccionar en el momento adecuado.

- Un jinete puede llevarse por delante la barra del salto con la cabeza y los dientes, o caerse con el caballo encima de un salto, si pierde la concentración en la vuelta hacia el obstáculo. Si un jinete que transmite por naturaleza liderazgo a su caballo pierde concentración en la vuelta, perderá el sentido del ritmo durante unos segundos y, acto seguido, perderá la noción del tranco de galope, el ritmo y la sensación de distancia. Un jinete que pierde la sensación de distancia hacia un salto, tendrá una reacción de inseguridad y/o de ansiedad (moverá la mano hacia arriba y hacia abajo, se adelantará al salto, pedirá que avance en los últimos trancos sin saber si se sitúa a la distancia conveniente, le soltará la cara al caballo en el tranco antes del salto, o quedará tan pasivo que el caballo se parará por sí solo). Si el caballo nota la falta de confianza del jinete que lo monta, el parón o el salto descontrolado y peligroso se hará presente en la mayoría de los casos, dependiendo del carácter y la formación del animal. Y cuanto más difíciles son los saltos, tanto más tiende a parar y a perder la confianza en sí mismo, así como en el jinete.

- Si un jinete no controla sus movimientos mientras se sube a un caballo un tanto quisquilloso, y le toca con la punta del pie en la barriga o le roza la grupa con la pierna, puede quedarse colgado con el pie en el estribo y provocar un desastre mortal en caso de que el animal salga corriendo.

En el momento en que nos acercamos al caballo nos preguntaremos si el animal muestra señales de tensión. Debemos ser conscientes de que el caballo estará haciendo algo parecido desde el momento en que perciba nuestra presencia. Lo más probable es que el caballo nos haya analizado mucho antes de que nosotros comencemos a hacerlo con él.

El trato con caballos envuelve peligro y situaciones delicadas en las que, si no conocemos bien nuestro cuerpo, no podremos aprender a ser conscientes de nuestras emociones y transmitir la tranquilidad, autodominio y control que nuestros caballos traducirán en la confianza y liderazgo que necesitan.

Hoy en día vamos todos "estresados". A no ser que no se haga nada en la vida, lo más seguro es que un día tras otro soportemos algún tipo de estrés de una forma inconsciente.

El estrés en sí no es malo, no se me interprete mal, puesto que es esencial para sobrevivir y para lograr el rendimiento necesario en todo cuanto hacemos en esta vida. Para rendir, necesitamos un grado de estrés que tenemos que mantener dentro de los límites que nuestra forma física y mental permita. Hasta estos límites, estaremos hablando de una tensión positiva para nuestro trabajo. Cuando excedemos estos límites, caemos en tensión negativa.

Conocernos a fondo significa identificar el tiempo que empleamos en estar concentrados y atentos en determinada tarea manteniendo una tensión positiva. En el momento en que entremos en la tensión negativa hemos de dejarlo estar y dar paso a un tiempo adecuado de recuperación y recarga de energía positiva. Y al cabo, volveremos al trabajo en plena forma, concentrados y atentos.

Si dilatamos el tiempo dedicado al esfuerzo más allá de los límites que soporta la energía de la mente y el cuerpo, imprescindible para rendir, entramos en *reserva*, en tensión negativa. En otras palabras: estamos forzando la máquina, y todos sabemos que las máquinas se acaban rompiendo cuando las forzamos.

El tiempo de recuperación es un elemento clave para cualquier persona que se mantiene activa durante el día, e incide directamente en su actividad, encargándose de aumentar o atenuar su rendimiento.

Cuando nos empezamos a conocer, nos damos cuenta de que, con el debido entrenamiento, el tiempo de recuperación conveniente es cada vez menor, pero siempre necesario.

La tensión constante que exigimos de la mente y del cuerpo para resolver los problemas y obstáculos que nos presenta el día a día se resume al final de la jornada, cuando nos ponemos a pensar:

*"Hoy ha sido un caos. No he parado un segundo y los problemas que he resuelto no llegan a la mitad de lo que debería haber hecho".* Y nos acostamos completamente exhaustos.

El gran secreto para equilibrar el nivel de energía mientras estamos trabajando con caballos, es reconocer las señales que nos indican que estamos forzando la máquina. Cuando reconozcamos algunas de las señales que relaciono a continuación, podemos estar seguros de que es el momento adecuado para descansar, que el cuerpo está pidiendo relajo, algo que nunca debemos ignorar:

- Irritabilidad
- Sed
- Hambre
- Bostezos frecuentes
- Sensación de incomodidad
- Incapacidad de estar quietos y concentrados en una sola cosa.
- Errores frecuentes
- Pérdida de ritmo
- Echar la culpa a otro (al caballo o al profesor) de lo que va mal
- Incapacidad de mantener una conversación fluida

Los mejores atletas del mundo utilizan esos momentos buscando la forma de bajar las pulsaciones por minuto y rendir durante mucho más tiempo del que rendiría un atleta normal:

- El tenista simula ordenar las cuerdas de su raqueta. En ese preciso momento aprovecha para hacer un breve descanso, en el que recupera hasta 20 pulsaciones por minuto, y enfoca su atención de nuevo. O pasa la raqueta de una mano a otra para relajar el brazo jugador.

- El jinete profesional que ha de montar hasta diez caballos al día, ducha al animal del que se ocupa, coloca unos protectores, barre un pasillo, respira a fondo mientras se asegura de que la cabezada del próximo se ajusta como debe ser, etcétera. Es decir, encuentra mil maneras de recuperarse del esfuerzo que hizo con el último caballo, para utilizar al máximo su energía y su concentración con el animal que a continuación vaya a montar.

Conviene repetir que estos profesionales se ejercitan en recuperar sus pulsaciones con la máxima rapidez. La mayoría de nosotros no lo hacemos y no acertamos a pensar que el solo hecho de barrer un pasillo nos haga recuperarlas. Incluso puede que nos canse más. Los ejemplos que he expuesto han de servir para hacernos reflexionar en cómo un tenista es capaz de aguantar el mismo ritmo de juego durante más de cuatro horas, o cómo un jinete es capaz de montar diez caballos en un día y estar en condiciones de hacerlo bien hasta el final.

Apliquemos estos ejemplos y utilicemos el mismo método cuando nos ocupemos de nuestros caballos y tratemos de concentrarnos en ellos. Cuando estemos en activo y empecemos a sentir las señales que nos hacen entrar en desgaste, apliquemos los métodos en proporción a nuestra condición física actual.

Existen varias formas de hacer que la tensión abandone nuestro cuerpo, pero la más eficaz que he encontrado hasta ahora es tan rápida que requiere nada más que unos minutos. Es discreta (no hay que dar explicaciones a nadie), y se puede hacer cuantas veces se quiera a lo largo del día.

En caso de que se haya ejercitado en algún tipo de meditación le será más fácil hacer el ejercicio. Si no, aprenderá con rapidez y con un mínimo esfuerzo.

*Ejercicio para quebrar el círculo del estrés en 2-5 minutos:*

*Cerrar los ojos. No es necesario evocar un escenario ni situación alguna. Hacer doce respiraciones. Inspirar durante tres o cuatro segundos por la nariz y espirar durante seis o siete segundos por la boca. Al principio, hay que hacerlas en profundidad, sintiendo cómo se utiliza el diafragma conforme se inspira y se espira. Ir espirando cada vez más lentamente hasta que se sienta que el cuerpo empieza a relajarse, y sígase respirando.*

*Mientras se espira el aire, imaginar que toda la tensión está saliendo del cuerpo. Esta parte es meditativa dentro del ejercicio. Imaginar el estrés como una corriente que baja de la cabeza a los pies, discurriendo por los brazos hasta salir por las manos y por las piernas hasta salir por los pies.*

*En caso de sentirse un ligero mareo, espirar de forma más tranquila pero sin dejar el ejercicio.*

*Pegar la tripa a la espalda al espirar el aire, para renovar el aire de esa zona, luego vaciar los pulmones y expulsar por la boca.*

*Se trata de un ejercicio muy sencillo, pero requiere alguna perseverancia al principio. Tendemos a abandonar el ejercicio cuando no logramos inspirar todo el aire que queremos en las primeras dos o tres respiraciones. Dependiendo de la tensión acumulada, la evolución del ejercicio será la siguiente:*

*Durante las tres primeras respiraciones dejaremos de pensar y nos dedicaremos a contar los segundos mínimos que requieren.*

*Las tres respiraciones siguientes serán más naturales y las expiraciones serán más lentas.*

*Durante las seis últimas respiraciones imaginaremos que el estrés abandona el cuerpo en cada espiración, haciendo las inspiraciones cada vez más profundas. En las últimas tres, nos concentraremos en relajar nuestra nuca, en imaginar que esa zona se despeja, dejando libre la circulación del movimiento entre la cabeza y el cuerpo.*

*¡Ya hemos logrado el objetivo!*

*Al principio será mucho más fácil si lo hacemos tumbados con los brazos en cruz o alineados junto al cuerpo. Cuando empecemos a hacerlo de forma regular y varias veces al día, encontraremos los momentos precisos en cuanto nos haga falta y podremos hacerlo sentados frente al ordenador o de pie mientras estamos en la cola para pagar algo.*

Una vez se relaje varias veces por día y juntando este ejercicio al del paso siguiente, notará que:

- La tensión en los hombros empieza a disminuir y tenderán a ir hacia atrás, tal y como ha de ser.
- Erguirá la cabeza en actitud confiada.
- Dejará las prisas para empezar a organizarse.
- Los caballos empezarán a reaccionar al fin de buena manera.

## Paso 5

## Cuide su postura

La posición en que mantenemos nuestro cuerpo refleja la forma en que nos sentimos y también influye en ella.

¿Por qué el torero entra en la plaza con ese andar característico que denota confianza y valor?

Es muy simple: La postura que suele llevar cuando entra en la plaza le imprime confianza para enfrentarse al toro. Imagínese por un momento cuáles serían las consecuencias para un torero que entra con los hombros caídos, la cabeza baja y arrastrando los pies:

- La primera y más importante: El toro capta la postura descontrolada del torero y no creo que haga falta explicar la desventaja que ha de representar tal situación para su oponente.

- La segunda es que el diestro, con la cabeza agachada, si quiere ver bien al toro, tendrá que emplear sus fuerzas en situarse del modo más conveniente y hacer un cálculo ininterrumpido del espacio que los separa, teniendo en cuenta los movimientos del toro. Si por algún motivo tiene que reaccionar con rapidez, es probable que lo haga demasiado tarde.

- Es posible que tropiece porque no va en equilibrio (sino arrastrando los pies), y la fuerza que habrá de hacer con los brazos en un caso de emergencia, se verá muy reducida por no llevar los hombros en una posición que le permita utilizar su cuerpo al máximo, para defenderse del toro.

Cuando empezamos a hablar de la postura, todo se encuentra relacionado:

- Una mala postura significa mayor estrés (tensión negativa) en las curvas naturales que dibuja nuestra espina dorsal.

- La tensión sobre la espina dorsal provoca tensión muscular, seguida de una tensión psicológica constante que, tal como hemos visto, es contraproducente para nuestro trabajo, rendimiento y bienestar general.

Veamos en las siguientes imágenes las consecuencias físicas y psicológicas de algunas malas posturas a caballo:

En la foto izquierda vemos que la tensión que existe en nuestro tronco transmite tensión a través del dorso del caballo, y repercute en el movimiento y la disposición del caballo.

En la foto derecha nuestra pierna carece de firmeza, nuestros brazos están demasiado tensos y nuestro asiento no está en el lugar correcto del caballo, provocando todo ello una comunicación poco clara, inconstante y hasta dolorosa para nuestro caballo.

No logramos planificar nada

No tenemos claro lo que queremos

A la izquierda se ve que estamos curvados hacia abajo, mirando hacia abajo y encogidos encima del caballo. Esta posición no nos permite anticiparnos ya que no logramos ver más allá de nuestra mano. En consecuencia nos frustraremos por nuestra reducida capacidad de reacción en los momentos conflictivos, afectando, a largo plazo, a nuestra autoestima.

La foto de la derecha muestra cómo vamos pendientes de la boca del caballo en todo momento, ello revela una falta de decisión constante. El caballo decide lo que hace, pero al mismo tiempo no puede realizarlo porque el peso de nuestro cuerpo colgado de su boca se lo impide. La inseguridad de la amazona volverá al caballo imprevisible.

Voy a contar una historia relacionada con la tensión muscular y con mi propia experiencia:

> Desde los 12 años tengo dolores de espalda y he visitado a numerosos médicos especialistas en corrección de postura. Montar a caballo me ha mantenido siempre en forma y la gimnasia que hacía enfocada en la postura me privaba más o menos del dolor. En el momento en que dejaba de estar en plena forma, me pellizcaba el nervio ciático, y el resto del

cuerpo se resentía con dolores en las cervicales, cadera, rodillas y tobillos.

Los médicos me instruían para que, al levantar cualquier peso, no doblase la espalda y en su lugar doblase las rodillas hasta el suelo, pero el dolor que sentía en una de las rodillas al recoger de aquella forma algún peso era infernal. Eso, si lograba mantener el pie en el suelo sin que me doliera algún que otro punto de la cadera. No me veía con ánimos de tomar los relajantes musculares que me recetaban, porque me hacían ir medio dormida todo el día y no quería dejar de trabajar y de llevar una vida normal.

Cuando por las mañanas ya no lograba levantarme de la cama sin dolor, decidí ir a un reconocido médico oftalmólogo especializado en estrabismo, que había desarrollado un método para curar la *dislexia postural*. Visité al *Dr.Orlando Alves da Silva* que me diagnosticó un error en el "sistema propioceptivo" del cerebro.

La consecuencia de este error es adoptar una postura incorrecta de forma permanente, que crea una tensión constante en la musculatura y, en consecuencia, se fuerza la "máquina" mucho más que alguien que no cuenta con este error del sistema. En esas condiciones se da vía libre a la falta de atención en momentos en que es necesario un elevado rendimiento, se tiene una noción distorsionada del espacio que nos rodea, y se experimentan dolores musculares y articulares, vértigos y otros muchos síntomas relacionados con el mismo problema.

La solución que se aplica a este problema tan complejo es relativamente simple. Se trata de reprogramar el sistema mediante unas gafas de lentes prismáticas activas. Y la solución es tan eficaz que, desde el momento en que empecé a utilizar las gafas, se produjo un milagro: *Conseguí ver el mundo sin dolor.*

Por mediación de estas lentes se corrige la distribución del peso corporal de forma equilibrada, se dota al cuerpo de una postura sana y relajada.

Junto con un osteópata conocidísimo por su talento, único en España, *Dr. Joan Bactrina*, (quien me equilibraba hasta entonces dos veces al año y me liberaba de dolores puntuales) que me recolocó las vértebras dislocadas debido a la constante mala postura, se produjo el milagro.

Desde entonces, siento una calma, una paz y una eficacia montando a caballo que sólo lograba a través de muchas horas de meditación, yoga y otras técnicas de respiración que utilizaba para mejorar mi postura.

Después de haber estado durante veinte años buscando la forma de mejorar la postura para disminuir el dolor, de hacer todo tipo de gimnasia, meditación, Pilates y yoga sin dejar de montar nunca e incluso habiendo montado hasta ocho y diez caballos por día, puedo afirmar lo siguiente:

*Que cuanto más trabajamos nuestra postura y nuestro equilibrio, más eficiente es nuestra concentración en cualquier tarea que nos propongamos.*

Lo mismo sucede con los caballos. No es casualidad que la rectitud sea uno de los principios básicos de la técnica de equitación, y que muchos caballos estén cojos simplemente por no trabajar con las manos frente a los pies, provocando irregularidades difíciles de explicar con métodos de diagnóstico utilizados en veterinaria equina.

*En la foto, el caballo Trasto (propiedad de Angeles Salcedo) nos muestra cómo sus pies no van en línea con las manos, sino que la grupa está ligeramente desplazada hacia la derecha.*

El grado de rectitud y equilibrio con el que trabajan los caballos a diario, puede ser causa de muchas cojeras cuando el nivel se vuelve muy exigente.

Una vez mejoramos nuestro equilibrio físico, mejoran muchísimas otras cosas de forma casi automática en nuestra equitación y en nuestra relación con los caballos.

A pesar de no ser la solución para todos nuestros problemas, una posición adecuada a caballo tendrá como consecuencia el equilibrio que permite tener la mente despejada y concentrada en el trabajo del equilibrio y la rectitud de nuestro caballo.

Desde el momento que logre una posición adecuada a caballo y se acostumbre a mantenerla, tendrá oro en las manos. Se le abrirán puertas encima del caballo que nunca había pensado que se podían abrir. Pasará a practicar un nuevo deporte.

Para complementar el ejercicio de diez respiraciones para la recuperar la energía y relajar la curvatura natural de la espalda de forma rápida y eficaz, puede hacer el siguiente ejercicio todos los días cómodamente en casa:

*Ejercicio (Recomendado por Dr. Alves da Silva):*

*Tumbarse boca arriba, con las piernas apoyadas en una silla, cama, sofá o lo que se tenga a mano, de forma que las piernas formen la figura que vemos en la imagen.*

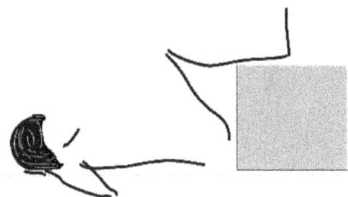

*Entrelazar los dedos por detrás de la cabeza, sin que queden unos por encima de otros. Basta con que formen un pequeño apoyo para la cabeza sin que modifiquen la curvatura cervical.*

*Ahora, con la mirada fija hacia el frente (punto imaginario en el techo) o con los ojos cerrados, inspirar y retener el aire durante tres segundos. Espirar el aire, dejando que los abdominales bajen. Cuando no haya más aire por espirar, componer y prolongar el sonido "sssssssssssssssssssssssss sssssssssssssssssssssssss" y liberar el resto del aire de forma que baje el pecho y se vacíen completamente los pulmones. Repetir diez veces.*

Este ejercicio mejora la postura pie a tierra y montado. Es aconsejable repetir este ejercicio con frecuencia. Al cabo del tiempo, y en el momento en que nos dediquemos a practicar el ejercicio de diez respiraciones del capítulo anterior, se aplicará automáticamente la técnica respiratoria de este último ejercicio sin ninguna dificultad y sin necesidad de tumbarse.

Los momentos de paso son los ideales para ejercitar la respiración, relajarnos, y disponernos a sentir el caballo. Una vez acabemos con las respiraciones, hagamos un análisis de la situación, reajustemos nuestra postura y el trabajo del caballo si hace falta.

Si durante la sesión de trabajo, empieza a actuar demasiado con su mano sobre la boca del caballo, se siente cansado y comienza a echarle la culpa al caballo de lo que no va bien, es el momento de aflojar riendas, echar un vistazo a su alrededor y dedicarse a hacer unas respiraciones sin pensarlo dos veces. Le costará tan solo unos segundos. Pruébelo. Si logra juntar las dos técnicas, el resultado es extraordinario y establece una base perfecta para empezar a mejorar su posición a caballo.

Una buena base de posición a caballo es el principio de cualquier disciplina ecuestre que practiquemos. Por desgracia, es un hecho ignorado que observo con frecuencia, porque lo común es pensar que la postura mejora con el tiempo.

La posición no hace más que empeorar con los años cuando no le concedemos la atención que merece. Nos dedicamos a dar importancia a todo lo demás, mientras vamos adquiriendo pequeños vicios que acabarán por interferir de forma negativa en la comunicación con los caballos que montamos.

Uno de los errores de base más comunes en el jinete, es el de mirar hacia abajo. Tendemos a mirar hacia el cuello del caballo o hacia el suelo justo delante de nosotros. Tal como vimos en el caso del torero, para el jinete también esto trae consecuencias, y paso a explicar el porqué:

El objetivo de montar a caballo es el de encajar nuestro punto de equilibrio encima del punto de equilibrio del caballo, y así poder movernos en conjunto para formar un único movimiento.

Si analizamos un poco lo que acontece en la práctica, veremos que, cuando el equilibrio del jinete está demasiado por delante del punto de equilibrio del caballo, éste no va, o se moverá precipitado, porque se le está poniendo el peso encima de las espaldas y las manos, dificultando el movimiento de éstas hacia arriba y hacia delante para poder avanzar sobre el terreno, sacando los pies por detrás y levantando la grupa. Cuando el equilibrio y peso del jinete están demasiado por detrás de la línea de equilibrio del caballo, éste hundirá el dorso, sacará los pies por los lados en vez de ponerlos debajo de la masa, provocando dolor en la parte más sensible del dorso. Dependiendo del tipo de caballo, dejará de andar o huirá al dolor facilitando la pérdida de control por parte del jinete. En ambos casos la cadencia y fluidez del ritmo del caballo se verán afectadas de forma negativa.

Cuando miramos hacia abajo, dejamos caer los hombros hacia delante, curvamos la espalda de forma que adelantamos nuestro punto de equilibrio al del caballo, las piernas se retrasan y dejan de acompañar el movimiento de nuestro cuerpo y el del caballo, somos incapaces de anticipar algo que ocurra a nuestro alrededor porque no lo vemos, perdemos la confianza en nosotros y en el caballo porque no sentimos lo que estamos haciendo ni logramos comunicar lo que pretendemos hacer, acabando por entrar en una espiral peligrosa que no nos dejará disfrutar de la equitación ni avanzar en la disciplina que pretendemos practicar.

Para completar la base para adquirir una posición correcta, sumemos lo que hemos aprendido sobre la respiración a lo que hemos aprendido sobre nuestra percepción visual y nos instruiremos a mirar lejos.

**La costumbre de mirar a lo lejos conformará la postura que debemos mantener**, y cito aquí las ventajas de hacerlo:

- Vemos hacia donde vamos.
- Los hombros caen naturalmente hacia atrás sin esfuerzo.
- Es imposible estar triste cuando se mantienen los hombros hacia atrás.
- Relajamos mandíbula y nuca.
- Encontramos de forma natural el punto de equilibrio del caballo, adaptamos nuestro equilibrio al suyo, y así seremos capaces mejorar el equilibrio natural del caballo con nuestro cuerpo y no con excesivas ayudas y presiones.
- Nos será mucho más fácil relajar la espalda entera y la cadera.
- No forzamos los hombros hacia atrás de modo que acabemos sentados sobre la parte más sensible del dorso del caballo.
- La pierna cae con naturalidad y pasará a acompañar el movimiento del caballo.
- Nuestro peso se distribuye de forma equilibrada sobre los estribos, tendiendo a no cargar demasiado peso en la punta del pie o en el talón.
- Es mucho más fácil enseñar a girar al caballo cuando nosotros ya iniciamos el giro con la mirada. El hecho de mirar hacia donde vamos dispone nuestro peso en una distribución diferente sobre la musculatura del caballo, lo cual facilita el inicio del giro. Un pequeño desequilibrio. Pero, utilizado de forma positiva, nos podrá ahorrar a largo plazo mucha energía cuando queramos que gire, guardando para otros fines todas las ayudas que tenemos disponibles.

Línea del Equilibrio del jinete

Ejercicio que puede practicar para sentir la diferencia entre mirar hacia dónde va y hacia abajo:

*Estando en la pista, pase en círculo al trote o al galope sobre una barra en el suelo. Pase por en medio de la barra sin dejar de hacer el círculo.*

*Hágalo una vez mirando al cuello del caballo o al suelo, justamente por delante del caballo. ¿Sale el círculo redondo? ¿Percibe dónde se sitúa la barra cuando está a pocos trancos de ella? ¿Siente necesidad de ajustar el último tranco para llegar bien a la barra?*

*Ahora hágalo mirando hacia delante, a lo lejos y sin bajar la cabeza. ¿Qué tal sale el círculo? ¿Cómo lleva la mano? ¿Consigue pasar por en medio? Las ayudas para encontrar la barra y seguir girando ¿son más fuertes o más suaves?*

*Si es un jinete avanzado, haga lo mismo con las riendas en una mano y la otra mano en la espalda, para tener una idea de la medida en que depende de la boca del caballo.*

*Si es jinete principiante, no tiene pista, o está todavía montando a la cuerda, puede hacer la misma experiencia sin pasar una barra, intentando simplemente mirar hacia adelante durante unos trancos, luego mirar al suelo durante otros trancos y volver a mirar hacia delante. Sienta la diferencia tanto en la relajación como en la postura de su equilibrio a caballo.*

En el próximo capítulo revelo algunas de las técnicas más importantes que he ido descubriendo a lo largo de los años y que resultan esenciales para gestionar la tensión del caballo.

# **CUARTO SECRETO**

## Tres técnicas para controlar la tensión de su caballo

Una vez descartada la injerencia de los defectos y tensiones del jinete durante el trato con el caballo, pasaremos a la fase de ponderar las tensiones del caballo.

Veamos dos casos extremos de sensibilidad y de reacción:

- Imaginemos un caballo que está atacando con la boca abierta con intención de dañar. En este estado no oye absolutamente nada. Por un lado, porque tiene las orejas pegadas al cuello y, por otro, porque el grado de tensión corporal y emocional es tan elevado que no sólo no oye, sino que tampoco siente nada.

- Ahora imaginemos al mismo caballo encontrándose relajado y atento, que logra oír a un perro a lo lejos mucho antes que nosotros y que, cuando siente el contacto de una simple mosca, arruga la piel para sacársela de encima.

Durante la fase de adaptación al medio que disponemos para nuestros caballos y la fase de adaptación a la disciplina que practicamos con ellos, encontramos toda una gama de reacciones de una intensidad que se corresponde a la presión que ejercemos y que, sucesivamente mal interpretadas por nuestra parte, harán que el caballo se tense cada vez más, haciéndolo entrar en un grado de estrés permanente.

Cuando nos encontramos con un caballo (sano y sin sobrealimentar) que se asusta de todo y/o que utiliza cualquier excusa para escaparse o huir del control del jinete, probablemente estamos ante el caso de un animal que necesita salir de la rutina presente y dar paso a una rutina más tranquila, donde el objetivo principal es disipar las tensiones negativas que permanecen activas.

La tensión negativa puede aparecer en determinados momentos como asociación a situaciones pasadas mal interpretadas y/o mal resueltas, y nos toca a nosotros determinar la forma de desbloquearla para poder transformarla en energía positiva, atención y confianza en nosotros por parte del caballo.

Cuando iniciamos el trato con un potro, tenemos que asumir la responsabilidad de que su control y su equilibrio emocional futuros dependen enteramente de nuestra forma de disipar los momentos de estrés poco provechosos que aparezcan durante la doma.

Si el potro no aprende a controlar y a disipar los momentos de energía negativa que le provocan sus emociones, las nuestras y las que le provoca su entorno, nuestra vida y la de otros pasarán a estar en peligro cuando nos relacionemos con ese caballo en el futuro. Veamos porqué:

Cuanto más tenso está el caballo, menos siente. (Imagine de nuevo el caso extremo del caballo que ataca con la boca abierta y las orejas pegadas al cuerpo). Cuanto menos siente el caballo, menos logra entender, lo cual imposibilita cualquier tipo de comunicación.

Cuando no hay comunicación, no hay confianza. *Sin un lazo de confianza estamos en peligro nosotros, nuestros caballos y el medio donde se encuentran.*

La tensión negativa empieza por una emoción instintiva que provoca en el caballo una tensión muscular, que **notaremos**

**o veremos a través de su boca** (entre las diferentes señales que hemos visto antes, ésta se trata de la que utilizamos para establecer una comunicación con el animal cuando estemos montando).

Nuestro objetivo será SIEMPRE disipar esa emoción negativa del caballo, porque provoca una tensión poco provechosa con vistas al trabajo, además de ser peligrosa.

Podemos prevenir que sienta esa emoción negativa utilizando una voz suave o acariciándolo (dependiendo de la sensibilidad del caballo), cuando notamos que llega el momento. Cuanto más recto y relajado lo acostumbremos a trabajar, menos tardaremos en disipar las emociones negativas que puedan surgir y la sentiremos llegar a través de la mano antes de que gobierne todo su cuerpo y perdamos el control.

Si no logramos prevenir esa emoción y ha conseguido gobernar la cabeza y el cuerpo del caballo, tomaremos una decisión inmediata, firme y tranquila, incidiendo sobre el movimiento hacia delante del caballo. Se trata de distraerle el cuerpo con pequeños desequilibrios que le puedan provocar los círculos, los movimientos de espalda, de grupa, serpentinas, etcétera... De esta forma, el caballo se verá obligado a prestar atención en mantener el equilibrio y en nosotros, y no en lo que le provoca la emoción negativa.

En el momento que un caballo se para y crispa las orejas, cualquier jinete con un poco de experiencia puede deducir que el caballo está viendo algo que lo distrae de su trabajo y le impide concentrarse. Pero durante el trabajo, es posible que no sea tan evidente la tensión negativa que mantiene el caballo.

**En pista**
(movilizando la espalda del caballo)

**Fuera de pistas**
(utilizando árboles para hacer serpentinas y relajar la tensión)

Pequeños desequilibrios que provocamos en el caballo para captar su atención, invitándolo a re-equilibrarse relajando la musculatura tensa que le provocan muchas de las tensiones emocionales

## ¿Cómo notaremos que la emoción negativa sobreviene o gobierna al caballo cuando vamos montando?

Antes de responder a esta pregunta, es necesario dejar claro que si no trabaja en mantener una posición a caballo absolutamente independiente de su mano, le resultará muy difícil notar el momento de tensión negativa, porque tendrá el cuerpo ocupado en otras cosas. Habiendo aclarado esto, la fórmula más real y menos técnica que utilizaremos es la que sigue:

Mientras permanezcamos montados a caballo, cada vez que sintamos una **necesidad instintiva** de tirar de una de las riendas o de las dos es porque, o caballo o jinete, están sintiendo algún tipo de tensión no provechosa en el trabajo, que es necesario anular. Si realmente tenemos una mano independiente del movimiento de nuestro cuerpo, atenta a la expresión que obtenemos del caballo a través de la boca y sentimos necesidad de forzar una o ambas riendas, la tensión proviene del caballo y hay que disiparla cuanto antes.

A continuación, explicaré en qué consiste y los riesgos que corremos cuando enseñamos al caballo a trabajar *detrás de la mano,* para que podamos percibir la importancia que debemos dar a la boca del caballo para la comunicación directa y nuestro control sobre el animal.

Para el jinete experto, la tensión que nota en la mano a través de la boca del caballo es la mejor señal que puede utilizar para elevar el nivel de atención, acción, equilibrio, impulsión, flexibilidad, ligereza y fuerza del caballo, pero quien no entienda por qué se produce esa tensión ni cómo desechar la negativa aprovechando la positiva de forma eficaz, pasará por un momento muy desagradable.

Como es desagradable, la solución más fácil y que da menos trabajo a corto plazo es intentar disimular la tensión colocando una embocadura más fuerte, más rara, mover constantemente el filete en la boca del caballo o hacerle doblar el cuello constantemente hacia uno y otro lado.

Nuestro objetivo mientras trabajamos a un caballo no puede ser disimular la fuerza que el animal pueda ejercer en nuestra mano, porque si lo hacemos nuestra prioridad, perderemos el tiempo y nos arriesgamos a una caída aparatosa, sobre todo en momentos en que no nos sea posible disimular más la tensión (ejercicios más difíciles donde el caballo necesite disponer de toda su fuerza y su cuello para mantener el equilibrio, tales como subidas o bajadas con mayor inclinación, saltos más altos, combinaciones complicadas, etcétera), donde el caballo obligado a ir con el cuello demasiado redondo, para evitar demostrar contacto en la mano, tomará el mando de su propio cuerpo a través de la boca y perderá el control.

No hay nada más peligroso para un jinete que un caballo al que no se le permite transmitir tensión a través de la boca, de forma que el jinete la pueda disipar relajando y flexibilizando el cuerpo del animal, antes de que empiece a perder el control.

Cuando un caballo así pierde el control, lo hace casi sin aviso previo. El caballo que ha aprendido a ir detrás de la mano compensa su cuerpo y dorso, para evitar una mano dura e incomprensiva por parte del jinete y al mismo tiempo una pierna poco eficaz. La relajación a través del dorso y cuello es prácticamente inexistente en este tipo de caballos, así que es físicamente imposible que la relajación llegue a la boca y nos la pueda transmitir a la mano. De hecho, no llegará nada a la mano porque no le está permitido al caballo transmitir lo que siente a través de la boca.

Como se acostumbrará a trabajar de forma compensada (aunque en tensión muscular negativa constante, el caballo noble buscará la forma de obedecer), sólo habrá la sensación de peligro cuando se empiece a ganar velocidad.

Se correrá un serio peligro si el caballo agarra la embocadura con la boca quitándole el control al jinete y en este punto, sin mediar contacto alguno, yergue la cabeza y hunde más y más el cuello y el dorso, teniendo que ir el jinete a buscar el contacto cada vez más atrás, y una vez obtiene un poco de contacto, sólo servirá para que el animal se escape más todavía.

En estos casos, tirar hacia atrás agrava todavía más la situación. La solución momentánea debe pasar siempre por el círculo y cuanto más pequeño mejor, hasta que logremos de nuevo la atención del animal, y podamos tranquilizarlo.

Cuando logremos controlar una situación de pérdida de control como ésta (desgraciadamente no es poco frecuente), nos encontraremos en el momento ideal para reflexionar seriamente sobre el nivel de equitación del que monta al caballo todos los días y el tipo de trabajo que está realizando.

Si ocurre lo mismo con un caballo que montamos con asiduidad y sobre el que tenemos la responsabilidad del trabajo y bienestar, es que nuestros procedimientos ecuestres están pidiéndonos a gritos un cambio.

**¿Cómo se nota que el caballo se desprende de su tensión negativa?**

Tal y como sentimos el grado de tensión negativa observando y notando la boca del caballo, también sentiremos haber hecho un buen trabajo una vez el caballo relaje la mandíbula como señal de que la tensión se disipa.

El caballo que relaja la mandíbula por sí solo, mastica como si estuviese comiendo algo y se lame.

Imagen de una yegua que,
**acostumbrada a tirar hacia atrás**
al sentir la incomodidad de una cuerda tensa,
**aprendió a reaccionar hacia delante**
al sentir tensión en la cuerda.
*La señal más obvia de que liberó la tensión y se dispuso a entenderlo, es "masticar sin estar comiendo"*

Cuando sometemos a un caballo a una situación nueva para él o que le provoque algún conflicto, tensará la boca, el labio superior y a lo mejor todo el cuello y el cuerpo demostrando su excitación o desagrado.

La relajación de la mandíbula es la primera señal que demuestra que el caballo está dispuesto a relajarse y a dejar de sentir una emoción negativa.

El caballo que cede a una determinada presión que ejercemos sobre su cuerpo mientras estamos montando o pie a tierra durante un conflicto, lo transmitirá de forma clara a través de la relajación general de su cuerpo y de la boca si le damos la oportunidad para ello. Se trata de esperar ese momento de forma activa, es decir, sin soltar completamente la presión que ejercemos, hasta obtener una respuesta clara del caballo.

La gran diferencia entre relajar la mandíbula y evitar el contacto quedándose detrás de la mano mientras montamos, es que, cuando relaja la mandíbula, acto seguido acepta un contacto suave y constante con la mano como señal de confianza en su jinete. Cuando el caballo se queda detrás de la mano ese contacto es inexistente.

Otra señal importante es la relajación de los músculos que estamos presionando para dar paso al movimiento hacia delante, lateral, hacia arriba (levantar la mano o el pie), hacia abajo (bajar la cabeza para ponerle la cabezada) o hacia atrás.

Sólo cuando el jinete aprende a notar la liberación de la tensión, tanto montado como pie a tierra, está listo para enseñar algo al caballo.

¿Por qué?

Porque el momento exacto en que el caballo demuestra una cesión, es cuando haremos *una pausa activa* a cualquier presión que ejerzamos sobre el caballo en el empeño de ejecutar algún movimiento. Le llamo *pausa activa* porque, a pesar de dejar de aumentar la presión física, debemos continuar atentos a la respuesta del caballo para actuar en consecuencia. Para ello, debemos mantener el contacto y seguir sintiendo al caballo.

En el momento que dejamos de aumentar la presión sobre el caballo, cuando el animal cede y libera la tensión negativa, ocurren una serie de cosas que redundan en provecho del aprendizaje y en estrechar nuestro lazo de confianza y liderazgo:

- Damos la mejor recompensa que se puede dar a un caballo que se está esforzando por entender todos esos movimientos tan complejos que pedimos los jinetes.

- Es la recompensa que más incentiva a un caballo a hacer lo que le pedimos, porque la relajación le proporciona comodidad y buena disposición del jinete.

- Proporciona el momento clave e ideal para pedir otro tipo de movimiento, con la energía y confianza que se acumula durante el momento de pausa y liberación de la tensión. Por ejemplo, es el momento perfecto para pedirle un movimiento hacia adelante y alargar el tranco, una extensión de cuello o para que ponga una mano en el remolque o un pie sobre la ducha a la que tanto miedo tiene.

Aquí conviene recordar la materia que hemos dado en el capítulo Tres, donde se aprendió la importancia que tiene el hecho de despreocuparse de los resultados finales. Y añadiremos una regla de oro:

**No pidamos al caballo, sabiéndolo de antemano, algo que no podrá darnos.**

Si el caballo no hace lo que le pedimos porque se encuentra tenso por algún motivo, dejaremos de hacerlo, desecharemos la tensión (propia y/o del caballo) y empezaremos de nuevo.

Veamos unos ejemplos de momentos en los que el caballo no está listo para hacer lo que se le pide:

- Si nuestro objetivo es hacer una línea recta, con el caballo en perfecto equilibrio y rectitud, pero el caballo corre, no responde a la pierna o nos fuerza la mano, no está preparado para ello. Hagamos una pausa en nuestra línea recta y dediquémonos a hacer un círculo, una parada, un paso atrás. Sea lo que fuere, adecuémoslo al grado de tensión y nivel de aprendizaje del caballo, para que el animal pueda hacer más tarde esa línea recta de forma tranquila y cadenciosa.

- Si el caballo entra mal en un remolque, no esperemos que lo haga si se encuentra en un ambiente estresante, porque no estará preparado para ello. Tendrá que tranquilizarse primero mientras entra en el remolque con un ambiente tranquilo.

- Un caballo que huye cuando nos acercamos, por mucho que tenga que ser ése el momento de montarlo, no está preparado para ser montado en confianza. Primero debe aprender a confiar en quien se acerque.

- Un caballo que hace un recorrido de salto, huyendo y corriendo sin responder a nuestras ayudas de ir a más o a menos, es porque no está preparado para saltar ese tipo de recorrido y esas alturas. Primero ha de ser preparado a responder a las ayudas en un nivel más bajo y cómodo para él.

- Un caballo que entra en pánico cuando escucha el ruido del agua, no está preparado para atravesar un río, sino para aprender a mojarse primero.

- Un caballo que entra en pánico cuando oye la máquina, no está listo para ser esquilado, sino para acostumbrarse al ruido.

- Un caballo que oye un "spray" y se asusta, no está listo para que le curen la herida o que le libren de moscas con el mismo, sino para acostumbrarse al ruido que le asusta tanto.

Y así, se puede enumerar múltiples situaciones en las que el jinete entra en una guerra que sabe de antemano que no ganará sin recurrir a la fuerza, la violencia o la humillación. Y ésas no son opciones inteligentes para enseñar nada a nadie, y mucho menos a un animal que pesa quinientos kilos.

Propongo realizar dos sencillos ejercicios para aprender a notar el momento en que el caballo libera la tensión a través de las dos señales más comunes.

*Ejercicio 1*

*Colocarse al lado del caballo cerca de su espalda. Poner la mano sobre el sitio donde se suele actuar con la pierna para pedir que se mueva. Extender toda la mano y empujar de forma suave, aumentando gradualmente la presión. Justo en el momento en que el caballo reaccione escapando (con ademán de levantar un pie o una mano para apartarse de uno) sin defenderse de la presión, relajar la mano manteniéndola junto al caballo.*

*Nótese la suavidad con que el músculo se relaja y el caballo responde. Si el caballo muestra intención de defenderse, empujémoslo con las dos manos con cierta fuerza para que se desequilibre, como forma de llamarle la atención y de pedirle respeto, y empecemos de nuevo. Si el caballo hace el ademán de apartarse, relaje la mano y aproveche para pedirle un pasito más y relajar de nuevo.*

*¿El caballo le parece más sensible de lo normal? Esto es buena señal, es señal de que le ha tocado en el sitio adecuado, con la intensidad adecuada y en el momento*

*oportuno... Piense sobre esto cuando quiera pedir cosas nuevas y reflexione sobre la mejor manera de pedir.*

Si, por ejemplo, intentásemos obtener el mismo resultado dándole directamente una palmada o clavándole el dedo de repente, la reacción sería diferente e incluso peligrosa si se tratase de un caballo poco respetuoso o muy fino, precisamente porque no estamos relajando el músculo sino tensándolo negativamente. Podrá reaccionar, pero lo hará de mala gana y molesto por una emoción negativa que le ha provocado el "pinchazo" o la palmada.

¿Cuál prefiere y cuál parece más provechosa?

Ejercicio numero 2:

*Estando montados, intentemos girar el caballo hacia la derecha de la siguiente manera:*

*Poner las dos manos hacia la derecha, de forma que la rienda derecha posicione la cabeza y la izquierda "empuje" la espalda hacia la derecha (para obtener un efecto más claro, pueden llevarse las dos riendas en una sola mano).*

*Aumentar la presión hasta que se obtenga la respuesta del giro por parte del caballo sobre el movimiento hacia delante. No tirar hacia atrás, simplemente, con las riendas cortas, llevar la cabeza con las dos manos hacia la derecha sin bloquear el movimiento hacia delante. Una vez se obtenga la respuesta, relajar la rienda de apertura (la que gira hacia la derecha) y volver a poner las manos en la posición normal manteniendo un contacto suave. No nos olvidemos de lo que hemos aprendido antes: mire primero hacia donde va.*

Una de las formas de disipar tensiones es **cambiando de dirección** de una forma adecuada, muy útil para:

- el "re-trote" en caballos impacientes
- caballos que están aprendiendo a relajar el dorso mientras estamos enseñando algún ejercicio nuevo
- los sustos y distracciones constantes
- caballos "difíciles de parar"

Es necesario mirar hacia donde vamos y posicionar realmente la cabeza del caballo hacia donde queremos ir

¿Ha notado colaboración por parte del caballo? ¿Ha percibido cómo el caballo ha relajado el cuerpo para girar hacia la derecha como le ha pedido? ¿Ha notado además tranquilidad en la mano en el momento que respondía el caballo?

Ahora imagine que prueba a hacer lo mismo pero tirando hacia atrás sólo de la rienda derecha.

En este caso, probablemente el caballo llevará la cabeza hacia la derecha, torciéndola y retrasando el lado derecho de la mandíbula para liberarse del dolor que le supone la tirantez de la rienda (este gesto suele ser confundido con la *cesión* de la mandíbula, pero no lo es), perdiendo movimiento hacia delante distraído por la emoción negativa (dolor), y al fin girando muy poco o haciéndolo tarde y exagerando el movimiento de la espalda hacia la izquierda.

Tanto en la primera parte del primer ejercicio como en la del segundo ejercicio, fuimos aumentando la presión creando cierta tensión en el caballo.

La tensión que generamos pasa a ser positiva o negativa dependiendo de nuestra actitud:

- Utilizamos la tensión con el objetivo de relajar al caballo: Si eliminamos completamente la presión al obtener una respuesta positiva, obtendremos una tensión positiva para el aprendizaje (relajamos al caballo a través de una tensión que le provocamos).

- Si queremos conseguir una respuesta inmediata, pero tiramos o presionamos sin tener en cuenta la reacción por parte del caballo, sin medir ni controlar la presión que ejercemos, no obtendremos sino emociones negativas del animal y puede constituir el principio de un círculo de estrés negativo permanente, como ya abordamos con anterioridad.

Hará falta esperar y repetir las veces que fuere necesario con el animal, hasta hacerle entender que puede relajarse aunque se encuentre bajo presión, y conseguir que adquiera *la costumbre* de responder con relajación a la tensión que le provoquemos.

Una vez el caballo se acostumbra a este tipo de respuesta, la presión necesaria para obtener resultados cada vez más exigentes será cada vez menor, hasta llegar al punto en que parezca que se lo pedimos con la mente.

Cuando parece que lo estamos pidiendo con la mente, tendremos la prueba de que estamos utilizando nuestro lenguaje corporal de forma consciente y eficiente, aunque prácticamente invisible para los demás.

A lo largo de mi camino, he encontrado TRES técnicas principales que permiten desbloquear la tensión negativa (una vez más, en caso de caballos sanos y alimentados de forma equilibrada) y transformarla en tensión necesaria para construir la **base** física y psicológica de cualquier ejemplar.

# Técnica 1

# Técnica de apropiación del espacio intermedio

Esta técnica tiene origen en la observación de caballos en libertad, del comportamiento de la madre con su potro, y de cómo consiguen respetar el espacio que los rodea unos y otros ejemplares cuando se encuentran sueltos.

El objetivo de esta técnica es lograr el respeto del animal por nuestro espacio propio y principalmente velar por nuestra integridad física.

Con caballos que "confían" en los humanos, puede suceder que nos llevemos pisotones de ejemplares que se muestran descuidados, y nos molestará que pierdan el interés por nosotros. He puesto confían entre comillas porque, como veremos en esta parte, la confianza sin respeto por nuestro espacio no es confianza, es abuso.

Si se identifica con esta situación, puedo asegurar que esta técnica, además de salvarnos en situaciones críticas, nos vincula a nuestro caballo de forma inimaginable: Se trata de la *técnica de la apropiación del espacio intermedio.*

Con esta técnica, logrará definir su espacio individual mientras está junto a los caballos, y se puede permitir confiar en ellos sin tener la sensación de tener que cambiar su forma de reaccionar de repente cuando vea que un caballo le va a pisar, se va a asustar, se le arrima o dispara una patada si está fresco.

El caballo que no respeta nuestro espacio tiene que ser educado para hacerlo. Así lo hacen ellos en libertad. Se enseñan unos a otros el respeto por la individualidad y la libertad de movimientos.

Un caballo que nos adelanta cuando anda de la mano, o va invadiendo poco a poco nuestro espacio de forma que nos tengamos que ir apartando, no lo hace por malicia, sino por instinto. Si el caballo logra ganar el espacio de un miembro del grupo, lo dominará si el otro no pone freno. Acabará demostrando que es él quien define el espacio entre los dos, que se podrá acercar siempre que quiera, y el otro podrá acercarse sólo cuando él lo permita. Si dejamos que el caballo domine nuestro espacio individual, nos abocamos al peligro cada vez más.

Las señales de invasión en nuestro espacio son claras pero sutiles. Si no comunicamos, las veremos o sentiremos cuando sea demasiado tarde:

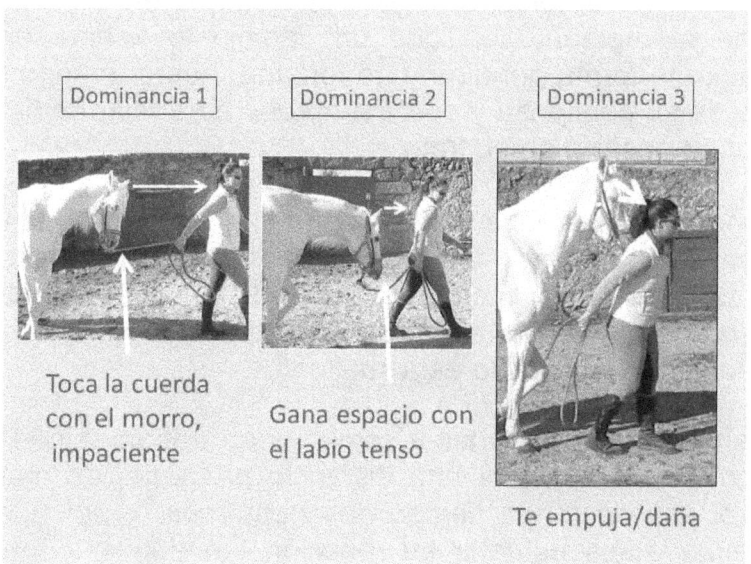

*En la imagen vemos a Carla Vela y Arroyo aprendiendo la lección sobre el respeto del espacio.*

**Hay que llamar la atención del caballo desde la primera vez que notamos que invade nuestro espacio, mostrarle dónde**

está el suyo y enseñarle que sólo podrá invadir el nuestro si le dejamos. Así se logran varias cosas al mismo tiempo:

- Ponerse a uno mismo fuera de peligro y a una distancia a la que tenga un margen para apartarse caso ocurra algún imprevisto. Eso es exactamente lo que hace un caballo en libertad. Mantiene una distancia de seguridad con los animales que no conoce para poder huir y escapar en caso de que sean predadores o agresivos.

- Llamar su atención para que nos tenga en cuenta a partir de ese instante. Con ello le transmitimos que existimos a su lado y que, además de ello, cobramos una importancia desde el momento en que compartimos el recinto. De esta forma iniciamos una conversación no verbal que tenderá a crear un lazo de confianza.

Los caballos también necesitan aceptarnos en su espacio. Desde el momento en que un caballo le acepta en su espacio de forma genuina y no forzada, habrá ganado gran parte de su confianza y podrá empezar a trabajar en firme y de forma positiva en su trato.

Algunos caballos jóvenes, desconfiados o maltratados, no saben aceptar al ser humano en su espacio. Con este tipo de caballos hay mantener una distancia prudente y observarlos antes de acercarnos. Sobre todo si el espacio es reducido y el caballo está suelto.

Podemos ganar semanas y semanas de trabajo con el solo hecho de sentarnos a una distancia prudente, de manera que el caballo tenga tiempo de aceptarnos, y por nuestra parte podamos estudiar su reacción hasta que tengamos claro cuál será el paso siguiente.

Es necesario ser prudente frente a la reacción de un caballo de este tipo, porque su instinto natural será escapar de nosotros. Si no tiene espacio para mover los pies, es muy probable que reaccione amenazando y/o defendiéndose. Esto no puede ser interpretado como ofensa personal. Forma parte de su instinto natural y dejará de hacerlo únicamente cuando confíe en nosotros de forma que no nos vea como un león o algo que le va a hacer daño. Si lo castigamos como respuesta a su acción, contribuiremos a aplazar su acercamiento a nosotros. Haremos un trabajo muchísimo más provechoso retrocediendo a una distancia prudente y esperando a que el caballo transmita señales de relajación (en la cabeza, en las orejas, poniéndose a masticar, etcétera...), para avanzar poco a poco.

No podemos dejar de controlar las señales del caballo y tener en cuenta las que implican tensión (levantar la cabeza, orejas hacia atrás, movimiento de la cola, encogimiento de la grupa, inmovilidad absoluta con el cuerpo en tensión, expresión de pánico, etcétera...).

La mayoría de caballos de escuela están familiarizados con la invasión de su espacio por parte de las personas. Normalmente, el hecho de que nos acerquemos y el caballo no muestre señales de estar descontento ante nuestra presencia, es suficiente para interpretar que nos podemos acercar sin peligro de que nos amenace o nos dañe. Algunos de estos caballos tienden a invadir nuestro espacio si los vamos dejando, hasta que les marcamos hasta donde pueden llegar y les enseñamos a respetar dicho espacio.

**¿Qué espacio debemos interponer entre el caballo y nosotros cuando nos situemos cerca?**

El que cada uno en su lugar estime como propio. Se trata de dominar un espacio desde el que nos sintamos seguros y permita al mismo tiempo transmitir las ayudas al caballo de manera eficaz. Para ello se puede echar mano de una cuerda y una tralla, pero hay que aprender a trabajar con ese material previamente.

La tralla es la extensión del brazo que envía al caballo hacia delante. La cuerda es la extensión del brazo que marca la distancia entre el caballo y nosotros. Por nuestra parte, utilizaremos la actitud de nuestro propio cuerpo para hacer que el caballo respete el ritmo y la distancia.

Ante todo, no hay que utilizar la extensión del brazo para dañar al caballo con la tralla ni darle tirones en la boca. Una vez hemos llegado a este pasaje del libro, imagino que el lector ya habrá entendido que esa actitud sólo sirve para descargar la rabia, y no se puede considerar una actitud inteligente.

Cuando andemos con el caballo de la mano recomiendo tener siempre el brazo (y todo el cuerpo) relajado, aunque atento, para transmitir un mensaje de tranquilidad a nuestro caballo a través de la cuerda. Si tenemos los recursos para mantener a nuestro caballo en su espacio, no necesitaremos tensión en nuestro brazo. El caballo tiene que encontrar un tope cada vez que invade nuestro espacio, pero hasta que no lo hace, tiene que ser libre de elegir por donde anda mientras lo llevamos con un brazo relajado y una cuerda sin tensión. Se trata de darle opciones. Si hace lo que debe, es libre de hacer lo que quiera, si no, encontrará un tope o algo incómodo para él. Más hacia delante, lo mismo ocurrirá cuando vamos montados en respecto a la tensión en nuestros brazos y riendas.

El próximo ejercicio es de tanta importancia que cualquier niño debería aprenderlo antes de pensar siquiera en montar un caballo. Es el ejercicio más simple que conozco para marcar nuestro espacio, y sirve para indicar al caballo lo que puede esperar de nosotros y a la vez lo que nosotros podemos esperar de él con el trato. Es un ejercicio tan eficaz que deberíamos hacerlo con cualquier caballo que montemos antes de poner el pie en el estribo.

Con este ejercicio, el caballo aprende:

- A respetarnos y prestarnos atención.
- A no perdernos de vista.
- A aceptarnos como líder y confiar en nuestros movimientos.
- A moverse al mismo ritmo y a adaptar sus movimientos a los nuestros, tanto lentos como rápidos.

Y enseña al jinete:

- A ser sincero y cabal y a pedir ayuda cuando no sepa qué hacer.
- A pedir respeto con mesura y talento.
- A conceder al caballo la posibilidad de equivocarse sin darle un tirón en la boca o tres patadas.
- A actuar con la mente y con el cuerpo antes que a base de fuerza.
- A equilibrar el cuerpo en el espacio propio y en el del caballo, y a trabajar con equilibrio propio y del caballo hasta formar un conjunto en movimiento.

¿No es eso lo que queremos todos los jinetes?

Llamo la atención sobre el exceso de energía del caballo. No está de más repetir que el caballo sobrealimentado es difícil de manejar y de enseñar. Suena repetitivo, pero es muy importante y es algo tan ignorado que merece la pena repetirlo las veces que haga falta.

Veámoslo entonces:

*El objetivo final del ejercicio es llegar a andar con el caballo de manera que, cuando empecemos a hacerlo, el caballo siga nuestros movimientos: Si paramos, él también se detendrá, si damos un paso atrás, el caballo lo hará igual, y si arrancamos de nuevo, nos seguirá, respetando siempre el espacio que marquemos desde el principio. Si dedicamos un poco de tiempo a la práctica de este ejercicio, un nuevo mundo se abrirá ante nosotros y nuestro amigo.*

Empecemos por andar con naturalidad con el caballo para sentir su disposición. Si el caballo se adelanta, lo pararemos levantando el brazo, pasando el sobrante de la cuerda por delante de su cara con más o menos vigor, dependiendo de la reacción del animal. No hay que tirar de la cuerda porque él tiene más fuerza y, si no es muy sensible, se nos llevará con él. Si invade nuestro espacio tocándonos con el morro, nuestro cuerpo será un tope incómodo para el caballo, como si fuese una pared. Si para eso necesitamos ponerle un codo donde generalmente nos toca y se lo encuentre cuando lo haga, no tengamos miedo en hacerlo. Si hiciese lo mismo con una pared o un árbol también lo notaría. Pronto se dará cuenta que no nos puede empujar. **Atención, no se le da un codazo con todas nuestras fuerzas, él se tiene que encontrar el codo como si siempre hubiese estado allí.**

Para pedirle nuestra atención, podemos utilizar dos métodos:

### Pedir pasos atrás

Cada vez que lo paremos y el caballo no se pare con nosotros, le pediremos unos pasos hacia atrás para que aumente el espacio entre nosotros.

Para pedirle los pasos hacia atrás, levantaremos los brazos con el resto de la cuerda delante de su cara para que se aparte y no tenga otra opción que la de retroceder. Cuando encontramos resistencia a nuestra orden por parte del caballo, seremos **asertivos** en relación a nuestra actitud hacia ellos.

El término "asertivo" lo encontraremos con frecuencia en este método, porque define el estado de ánimo adecuado para imponer nuestros límites a los caballos que estamos trabajando. Cuando somos asertivos logramos expresar con nuestro cuerpo un claro desacuerdo sin arrugarnos *(someternos) ante nuestro caballo y sin violar la integridad del mismo (agrediéndolo).*

*Una vez obtengamos unos pasos hacia atrás por parte del caballo, arranquemos al paso de nuevo, con tranquilidad, dejando que nos siga. Paremos las veces que haga falta hasta notar que el caballo presta toda la atención y lo sintamos listo para obedecer a cualquier orden que le demos con el cuerpo.*

*Si el caballo se retrasa en relación a nosotros, podemos incentivarlo a que siga nuestro ritmo moviendo el brazo con lo que sobra de cuerda a la altura de la grupa. Si preferimos llevar una fusta al principio, la consideraremos como una extensión del brazo.*

*Conviene recordar que no debemos mirar al caballo cuando arranquemos al paso pero sí* **mantenernos atentos a su reacción observándolo de "reojo", sobre todo si no conocemos al animal.**

*Cuando le pidamos por primera vez unos pasos hacia atrás, es muy probable que el caballo quede algo confundido, sobre todo si está muy acostumbrado a hacer lo que le da la gana con nosotros mismos o con los demás.*

*Es muy importante que observe la reacción del caballo cuando lo pare y le pida un paso hacia atrás, ya que le dirá mucho sobre su carácter, su forma de aprender y su grado actual de atención. Si es la primera vez que el caballo hace un paso atrás, es normal que se resista y en ese caso tendrá que acercarse a él con más vigor, levantando los brazos con más ímpetu y, si hace falta, empujándolo con el cuerpo (o pasar al segundo método que veremos más adelante).*

*Un caballo amigo con tendencia a someterse, si es muy sumiso y miedoso, reaccionará rechazando con desconfianza nuestra acción, así que debemos medirla bien* y sin exagerar para que no entre en pánico, y acariciarle o hablarle con suavidad al mínimo resultado que hayamos obtenido.

Con un caballo muy pasivo, tendremos que insistir varias veces y con más vigor para que se mueva. Normalmente no se resistirá mostrando señales de defensa, aunque resistirá con el cuerpo. Si actuamos de forma tranquila pero firme, entenderá rápidamente lo que queremos de él, empezará a masticar (liberando la tensión) y acabará confiando y obedeciendo tranquilo. Si vemos que sigue sin reaccionar, podemos pasar al método siguiente del que hablaremos más hacia delante.

Un caballo con tendencia a dominar, podrá parecer muy reacio al principio y, si insistimos unas veces, pronto empezará a mostrar señales de defensa y resistencia:

- Tensa el labio superior y la boca en general, levanta la cabeza pero no llega a apartarse.
- Lleva las orejas hacia atrás torciendo algo la cabeza.
- Sigue sin respetar el espacio intermedio.

Estas reacciones son normales y no hay que enfadarse, es cuestión de demostrarle que vamos a continuar enviándolo hacia atrás, moviendo la cuerda y los brazos, hasta que responda a nuestra voluntad. Cuando responda, acariciémoslo y echemos a andar con él (sin darle completamente la espalda), luego volvamos a pedirle que dé el paso atrás, hasta que baste que andemos hacia él con ánimo de empujarlo y veamos que se aparta. Acabará aceptando con una posición de cabeza normal, y probablemente también masticando, como señal de estar liberando la tensión consecuente de la resistencia.

El caballo dominante que ha ganado varias "luchas de poder" con los humanos, resiste con más vigor y podrá intentar mordisquear y mostrar señales de dominancia tales como ponerse de manos y tirarse contra nosotros, a la vez que se resiste. Moverá la cola con vigor y demostrará a las claras que no se pondrá de acuerdo con excesiva rapidez. Una vez empecemos, tendremos que acabar el trabajo hasta que ceda del todo. En medio de la persuasión, puede que empiece a rascar el suelo con una mano, a resoplar descontento, llegando luego a una fase en la que responde a nuestra petición pero sigue mostrando desacuerdo, por ejemplo, bostezando una y otra vez. Si hemos asistido alguna vez a este proceso, resulta incluso gracioso ver la manera en que van cediendo su dominio buscando una y otra vez formas más suaves de resistir pero sin dejar de mostrar su desacuerdo hasta que ceden por completo (masticando claramente y bajando la cabeza). Una vez nos ceden su confianza y respeto, empezarán a conectar con nosotros de forma sublime.

*Una forma de decir que no está de acuerdo del todo aún*

Un laaaargo bostezo mientras estamos trabajando la gestión del espacio:

Reacción de un caballo dominante cuando le está costando ceder a nuestra petición☺

Durante el proceso, no hagamos daño al caballo, no perdamos la cabeza, demostremos seguridad y no perdamos al animal de vista hasta que haya cedido por completo.

Si no nos consideramos preparados para ganar la adquisición del espacio con un caballo de este tipo utilizando este método, pidamos a un profesional que lo haga por nosotros o pasemos al segundo método, muy eficaz para no entrar en ningún conflicto con nuestro caballo.

Con este ejercicio, nuestro caballo aprenderá muchísimo sobre nosotros y nosotros sobre ellos. Creo que es la mejor forma de apreciar el trato que tenemos entre manos sin tener que pasar muchas horas encima del caballo para descubrirlo. Los caballos montados aprenden a esconder su verdadero carácter para que no les hagamos daño o los reprimamos y, en momentos críticos en que no les es posible esconder el carácter, muchas veces sale a la luz el verdadero caballo, asustando a quienquiera que lo monte.

El segundo método, funciona particularmente bien con potros que nunca han sido ramaleados, animales desquiciados y con caballos o yeguas llamados "especiales" (los del tipo líder), que hay que tratar con atención especial debido a sus reacciones instintivas, muchas veces peligrosas para nosotros:

### Cambiar de dirección

Cuando andemos con nuestro caballo y nos paremos, el caballo debe pararse en el momento que hagamos el ademán de pararnos. Si no lo hace, cambiemos de dirección bruscamente y empecemos a caminar en dirección contraria a la que vamos, sin tirar del caballo pero sí dejando que el caballo se encuentre un "tope" cuando no nos acompañe o nos siga. Al repetir este movimiento cada vez que el caballo pierda la atención hacia nosotros, haremos que quiera huir de la presión que supone el tope de la cuerda, eligiendo lo que le hace sentir más cómodo que es **seguirnos sin despistarse**.

Este método es muy práctico y fácil de utilizar, sin necesidad de entrar en conflicto con nuestro caballo y rápidamente aprende cuál es la forma adecuada de comportarse.

Lo más importante en el proceso es el llamado *TIMING*. Tenemos que actuar en el mismo momento en que el caballo *hace ademán* de moverse fuera del límite que hemos establecido, según nuestra idea previa. Si se rebasa el momento, el caballo tendrá una clara ventaja sobre nosotros y nos veremos obligados a ponerlo en círculo, o caeremos en la tentación de utilizar la fuerza, sin demasiado éxito.

Si ocurre así, no perdamos la cabeza. Volvamos a empezar de cero, como si nada hubiese pasado.

Por otro lado, no podemos corregir antes de que el caballo *haga ademán* de moverse fuera del límite, porque entonces el caballo no aprendería nada, ya que no ha hecho nada fuera de nuestras normas.

El error más grave que podemos cometer se llama PRISA. Retrocedamos de nuevo al capítulo donde hablamos de *"actuar como si dispusiésemos de todo el tiempo del mundo"*.

Si hace falta dedicar gran parte de la sesión del día a este ejercicio, hagámoslo. Recogeremos más frutos que intentando sobrepasar un obstáculo, conseguir un apoyo o hacer un salto de cross con un caballo que no conoce las normas del trato con su jinete. Y el caballo lo agradecerá. En poco tiempo, tendremos un caballo dispuesto, confiado, atento y con ganas de complacer no solo pie a tierra, sino también montado.

¿No es eso lo que se necesita en una pista de competición, en el campo, en la montaña o en la playa, cuando dependemos de la confianza y disposición de nuestro amigo para superar los obstáculos?

## Técnica 2

## Técnica de la asociación-disociación

Esta técnica tiene su origen en la técnica de la *Asociación-Disociación* que se utiliza en Programación Neurolingüística.

Cuando aprendí esta técnica, me di cuenta de que ya la utilizaba de forma natural en los momentos de mayor inspiración con los caballos, y me dispuse a adaptarla con toda intención a la serie de dificultades que iba encontrando, porque, como se puede comprobar, los resultados aparecen enseguida, son duraderos, y se evita que nos envolvamos en las emociones negativas del caballo en los instantes críticos.

Nos ceñiremos a una sencilla explicación para ver cómo funciona.

Cuando estamos asociados, estamos conectados directamente a las emociones y nuestras acciones serán emocionales e impulsivas.

Cuando estamos disociados, estamos separados de las emociones, negativas o positivas.

No podemos estar constantemente asociados a las emociones o disociados de ellas, porque no seríamos felices.

Sería fabuloso poder asociarnos a las emociones positivas y disociarnos de las emociones negativas, para estar siempre contentos pero, por desgracia, no es posible. Podemos asociarnos a nuestras emociones (positivas o negativas) o disociarnos de nuestras emociones (positivas o negativas), pero no podemos separar las emociones ni elegir las que queremos sentir.

Sin embargo, es posible acostumbrarnos a ser optimistas y aprender a mantener el control de nuestras emociones negativas, como aprendimos en el capítulo referente al control del estrés.

Una vez obtenemos el control de nuestras emociones negativas mediante el optimismo, podremos disociarnos de las emociones negativas de nuestros caballos, que tantas veces despiertan en nosotros las acciones más impulsivas y emocionales.

Se ha dedicado previamente un capítulo al jinete en situación de tensión y la forma de mantenerla bajo control, y ahora nos toca ocuparnos de la tensión del caballo. Veamos un ejemplo de cómo funciona la técnica de asociación-disociación, en un momento en que el caballo necesita de alguien que lo lidere en situaciones que le provocan una reacción estresante:

> Estamos sobre un caballo que empieza a ponerse tenso porque percibe con el oído y la vista un perro atado a una cadena a lo lejos (levanta la cabeza, tensa las orejas, tensa todo el cuerpo...).
>
> *¿Constituye para el jinete un motivo de preocupación?*
>
> El perro no nos asusta a nosotros, así que somos ajenos al estrés del caballo (nos disociamos), tenemos la facultad de pensar y tomamos la iniciativa: es un perro. El caballo se asusta, pero nosotros no. Hemos de respirar profundamente, aflojar el contacto con las riendas, disipar la tensión probando de llevar al caballo en una serpentina mientras lo acariciamos, y lo más seguro es que logremos que supere su miedo, porque a nosotros (que somos amigos y llevamos las riendas de la situación) no nos asusta el perro.

Estamos tranquilos y él también lo puede estar. En el momento que sentimos que se relaja, lo acariciaremos para reforzar la relajación completa y la emoción positiva en el caballo.

En momentos negativos y de conflicto con nuestros caballos disociémonos de sus emociones negativas, (que no son las nuestras), obliguémonos a pensar y actuar con sentido común (el perro está atado y, aunque fuera feroz, no hará nada más que ruido), en vez de dar lugar a otros pensamientos como: *"El caballo se asusta, ¿será capaz de tirarme?".* El pensamiento negativo transmite inseguridad al caballo en un momento que **depende de nuestra confianza para superar el miedo a una situación que asusta**. Si somos capaces de pensar en positivo, nos daremos cuenta de que en muchas ocasiones nos servirá de aliciente.

La técnica, utilizada de forma repetida, redundará en provecho del caballo y lo hará equilibrado y confiado. Podrá asustarse nuevamente ante la presencia de un perro, pero se tranquilizará cada vez más rápido hasta que se relaje del todo, confiará en nuestra reacción y ganará una capacidad de control emocional positiva para el trabajo.

La técnica, por otra parte, es muy versátil, porque podemos utilizar la disociación en uno de los momentos emocionales que resulte poco provechoso para el caballo, y más tarde asociarnos al animal en uno de los momentos positivos y conseguir, gracias a la relajación mental del animal, un momento de gran rendimiento, beneficioso a largo plazo tanto para el caballo como para nosotros.

De la misma manera que nos distanciamos de la emoción negativa del caballo (el miedo), volvemos a unirnos a la emoción de seguridad del caballo en el momento que se relajó, aunque fuese ligeramente, y se refuerza el encuentro.

Los caballos tienen una memoria prodigiosa para recordar la reacción que tuvimos en determinadas situaciones.

Imaginemos ahora el mismo ejemplo con diferentes consecuencias:

> Montamos un caballo que empieza a ponerse tenso porque percibe con la vista y el oído un perro atado a lo lejos, y pensamos: "¿Qué pasa? ¿Está tenso, se asustará?". Nos agarramos con las piernas para no caernos si se asusta. Entonces nos tira de la mano. Mejor no soltamos porque se puede escapar. Salta hacia un lado. El animal está tonto. Lo llevamos hacia el otro lado tirando de la rienda. Lo aproximamos para que deje de asustarse. Que lo vea. Que vea que no tiene por qué tener miedo porque el perro está atado y se limita a ladrar. Pero el caballo no quiere seguir. Le damos con las piernas. El caballo se para. Lo acariciamos. Parece que se ha calmado. Giramos. Sorteando el lugar, logramos pasar por allí sin caernos.

Analicemos lo que significan para el caballo nuestras reacciones tan bien intencionadas:

> Nos agarramos con las piernas para no caernos: *De repente, presión de las piernas del jinete que hace un momento no había. Algo va mal, hay motivos para estar atento* (crece la tensión y la desconfianza del caballo)

> Nos tira de la mano y no soltamos: *Si al jinete le da miedo el perro, es que hay peligro inminente* (la desconfianza pasa a ser miedo o pánico con las consiguientes reacciones, dependiendo del tipo de caballo; cuanto más fino de carácter, más peligrosas son).

> Lo aproximamos para que vea que no tiene porqué tener miedo: *¿Qué hace? ¡Eso es peligroso! ¡No quiero, quiero dar la vuelta y marchar de aquí!*

Le damos con las piernas: *¿Me castiga porque aquello es peligroso? Me planto. No sé qué hacer* (confusión).

Lo acariciamos: *¿Me acaricia porque me ha castigado? No pelearé, pero me quiero ir.*

Lo giramos para irnos: *¡Vámonos, que nos persigue el león!*

Las reacciones del caballo dependerán del tipo de caballo y educación que tiene pero, desde luego, en el último ejemplo, no ha aprendido nada positivo por muy buenas que hayan sido nuestras intenciones. Lo único que ha sacado en limpio de esta experiencia es que los perros dan miedo.

¿Qué hemos conseguido con esta última experiencia?

Nos hemos implicado en el estado emocional negativo de un animal que reacciona a través de sus instintos. Es muy simple. Si este animal nos considera su líder, le habremos transmitido que los perros son peligrosos.

El ejemplo anterior nos indica que, de la misma manera, podemos (mal) enseñar a un caballo que la llegada al salto es un peligro, que las pistas de concurso son estresantes, que la entrada en un remolque es una cueva de leones, que el agua de la ducha muerde, que los plásticos se nos comerán, que nos ahogaremos en los charcos de lluvia....

El secreto está en aprender a disipar la tensión. Si lo podemos hacer desde que el caballo es joven, rara vez tendremos que afrontar una situación de pánico o pérdida del control. El caballo aprenderá a controlar sus emociones porque le daremos la confianza para eso. Una vez tenemos un caballo equilibrado en el aspecto emocional, estamos a medio camino de hacer todo lo demás.

Si adoptamos buenas técnicas y utilizamos el sentido común, no correremos peligro tantas veces como las que se suelen dar. La equitación se vuelve peligrosa cuando no se sabe disipar la tensión del caballo, lo que acarrea reacciones imprevisibles.

Es importante que sepamos cómo tranquilizar a un caballo que se ha asustado y que parece va a tener una reacción de pánico. Existe una única cosa que NO podemos hacer. Es tan importante como conducir un coche, estar a punto de chocar contra una pared y darle gas en vez de frenar:

**No hay que parar al caballo en línea recta ni tirando de las dos riendas.** Esto no hay que hacerlo nunca. Es lo peor que se puede hacer cuando el caballo tiene intenciones de huir. Es preferible ponerlo cinco veces en círculo para que se tranquilice, a tirarle de las riendas. No lograremos pararlo, y es posible que se ponga de manos y caiga hacia atrás con el jinete encima.

Se dispone de estudios que concluyen que un tirón en la boca del caballo ejerce una fuerza de *300 kg por cm2,* por ser una de las zonas más sensibles y con mayor número de terminaciones nerviosas. Un simple "tironcito" ejerce una fuerza de entre *80 y 150 kg por cm2* de su boca.

Si le provoca esta cantidad de dolor, ¿de verdad podemos creer que el caballo correrá menos si tiramos hacia atrás?

Cuando un caballo entra en pánico y pierde el control, si además lo perdemos nosotros se descontrolará más, y la situación para ambos será más peligrosa. Si tiramos de las riendas le haremos daño en la boca, y hacer daño a un caballo que ha entrado en pánico es lo último que debemos hacer.

Habrá que PONERLO EN CÍRCULO. Siempre.

Escribamos esto en un papelito y peguémoslo en el cuello del caballo si hace falta. Si en un momento crítico tenemos que **abrir** (no tirar hacia atrás) una de las riendas con las dos manos, hagámoslo, pero cerciorándonos de que el caballo sitúa la cabeza claramente hacia un lado para empezar un círculo pequeño y, al mismo tiempo, lo mantendremos en movimiento. Este simple movimiento nos puede salvar la vida.

Cuando ponemos a un caballo en círculo en el momento en que está perdiendo el control, ocurren varias cosas:

- Provocamos un ligero desequilibrio que el caballo tendrá que recuperar. Eso lo distraerá por un momento de aquello que le provoca el miedo o el pánico, y es el momento ideal para transmitirle relajación y acariciarlo.
- Le hacemos mantener los pies en acción (con lo cual satisfacemos su instinto de huir), manteniendo la cabeza posicionada de manera que no pueda utilizar todas sus fuerzas para escapar con un jinete encima.
- Si lo mantenemos trabajando en círculo, con la mente bien clara por nuestra parte, le transmitiremos que comprendemos su miedo, pero que no es necesario huir porque nadie se lo va a comer.

Es importante referir que si ponemos al caballo en círculo porque nos hemos enfadado con su reacción o tenemos miedo de ella, no estamos aplicando esta técnica por lo que no logrará más que excitar más al caballo.

Del mismo modo, cuando hay que reprimir un mal comportamiento, habrá que ser asertivo y hacerle entender que no se le permite tal comportamiento, pero sin mezclar nuestras emociones. Como hemos visto, *ser asertivo* no significa perder la cabeza, significa aplicar un correctivo. Si nos ofendemos con algún mal comportamiento estaremos asociando nuestras emociones con las suyas, y estaremos creando un ambiente de desconfianza y tensión innecesaria. Lo que hay que hacer es aplicar el correctivo y seguir con el trabajo una vez el mal comportamiento ha sido corregido.

En el momento que aprendemos a disociarnos de la experiencia emocional negativa del caballo y disipamos la tensión que le provoca, se abre una puerta con un sinfín de posibilidades en nuestra relación y se elevará su nivel. No sólo en el trato con nuestro caballo, sino con cualquiera de ellos. Si es capaz de utilizar este secreto, el animal tendrá en cuenta su confianza de forma instantánea desde el momento en que se aproxime o se siente a sus lomos.

Cuando aprenda los resultados positivos que se obtienen con la disociación, subirá muchos peldaños en su crecimiento y en el reconocimiento de la auténtica progresión.

Un beneficio vendrá detrás de otro si aprende a actuar en el momento adecuado. El caballo da señales de tensión que debe tener en cuenta y no pasar por alto.

Un potro que se ha dejado montar pero lleva el labio inferior muy tenso y no reacciona bien hacia delante, está dando señales de que no está tranquilo, y se puede asustar o hacer un gesto muy poco ortodoxo en cualquier momento.

Un caballo que levanta la cara de repente, yergue las orejas y tensa toda la musculatura, está marcando el momento de empezar la disociación.

Un caballo que se defiende a la pierna, no está pidiendo que nos enfademos y que le demos con más fuerza en la musculatura lateral, sino que le relajemos esa zona para que reconozca lo que se le está pidiendo.

Un caballo que huye entre los saltos, no está pidiendo que el jinete se ponga ansioso y le tire de la boca, sino que le enseñe a relajarse entre los saltos, sin crear tensiones negativas y utilizando sus fuerzas de manera positiva.

Cuanta más tensión negativa acumule el caballo, menos responderá de forma positiva a la presión, sino a algo que le relaje: una voz, una caricia, una canción, un movimiento que lo desequilibre ligeramente para distraer su atención de aquello que le produce tensión, etcétera...

No debemos provocarle más emociones negativas con otros gestos negativos o violentos porque empeoraría la situación. Una vez se relaje, se le podrá pedir una tensión positiva hacia adelante, lateral, hacia arriba, hacia abajo o cualquier otra que queramos utilizar en nuestro trabajo.

De la misma forma que el control de la tensión en el ser humano aumenta el rendimiento y la atención, el control de la tensión en un caballo consiste en convertir la energía de la tensión negativa en energía de tensión positiva. Cuando aparece alguna señal de tensión contraproducente en el caballo, es el momento de dejar lo que estamos haciendo y disipar esa tensión. En la próxima técnica aprenderemos a sentir la tensión negativa del caballo y a disiparla con el *método de la pausa*.

## Técnica 3

## Técnica de la pausa y/o paso hacia atrás

Esta técnica tiene origen en mi propia experiencia a lo largo de la vida observando a los expertos, aprendiendo con los mejores jinetes, probando una y otra vez, después de muchos errores, con un trabajo de corrección y a base de disciplina, y me baso en ella y lo seguiré haciendo para continuar creciendo.

El paso hacia atrás es un ejercicio de doma clásica que hay que efectuar en un determinado punto de la pista, pero es mucho más que eso, es un ejercicio que nos ayuda a recuperar el equilibrio del caballo cuando éste está comprometido. Y antes del paso hacia atrás, existe una parada. Una pausa para reconocer que el equilibrio no está bien. Si conocemos este ejercicio, usémoslo en nuestra evolución personal como hombre o mujer de caballos.

Imaginemos que estamos leyendo o contando a un niño un cuento del que se extrae una máxima importante. Conforme vamos leyendo, hacemos comentarios con referencia al relato y el niño nos secunda interviniendo a su vez. Estamos pasando un rato muy agradable y envolvente por su reciprocidad cuando, de repente, el niño se distrae porque está viendo una araña que le llama la atención y le provoca una emoción negativa. Considerando que la lectura del cuento es importante para su educación, podemos hacer dos cosas:

- Primera opción: Llamamos la atención al pequeño una y otra vez para seguir con la lectura, hasta que obedece, deja en paz a la araña y escucha el cuento, prestando interés a medias y acabando la lección con la sensación de que se ha perdido el tiempo. Si el niño tenía algún miedo a las arañas, en adelante continuará con su fobia. Si además se lleva una reprimenda o un castigo por no prestar atención, la próxima vez que vea una araña, consciente o inconscientemente la asociará al berrinche que se llevó el día que tuvo que escuchar una historia de la que ya ni se acuerda.

- Segunda opción: Dejamos de leer y nos dedicamos a hablar de la irrupción de la araña, dando al pequeño la oportunidad de explicarnos cuál es el sentimiento negativo que le provoca la araña. Si le da miedo le contaremos una historia divertida de una araña, y si ha despertado su curiosidad podemos instruirle con datos interesantes sobre los arácnidos, de manera que quede satisfecho y vuelva después al cuento con mayor interés.

Al elegir el segundo paso, hemos logrado recuperar su atención sobre lo que nos interesaba que aprendiera en el momento, y además le habremos instruido introduciéndole en el mundo de las arañas. Podemos estar seguros de que le habremos demostrado nuestra capacidad de entenderlo, de enseñarle que puede contar con nosotros en el futuro cuando tenga miedo o si le pica la curiosidad.

La pausa que se ha hecho en la lectura del cuento será mayor o menor, según el grado de tensión que sienta el pequeño. Si resulta que entra en pánico, puede que no sea ése el mejor día para continuar con el cuento. Tal vez sea mejor continuar en otro sitio donde no haya arañas, o habrá que cambiar de cuento, contándole otro que le ayude a superar ese miedo.

En cualquier caso, en ese momento es necesario fijar la atención en la emoción que ha perturbado al niño privándole de atención. Es mejor posponer lo que creíamos que era tan importante para su educación.

En nuestro trato con los caballos tenemos un objetivo (la lección), y queremos transmitírselo al caballo, para lo cual necesitamos mantener con él una comunicación constante. Una ruptura de la comunicación entre jinete y caballo es sin duda peligrosa y a largo plazo podemos pagarlo caro (incluso con nuestro físico) si sucede con frecuencia.

Un amigo mío me contó un episodio que ocurrió una vez con un renombrado jinete a quien pidieron que trabajara con un caballo. El solicitante sabía que el caballo tenía un vicio muy desagradable, pero no tuvo a bien comentárselo al jinete: el animal permitía que montara el jinete, pero una vez a lomos del caballo, cuando hacía el ademán de avanzar, el animal se ponía de manos tirando al jinete al suelo.

Cuando nuestro jinete montó el caballo, notó al animal muy tenso, más tenso de lo normal en una situación similar. ¿Qué hizo entonces el jinete? Dejó parado el caballo, sacó un cigarrillo y fumó tranquilamente. Cuando acabó de fumar, pidió al caballo que avanzara y así lo hizo el animal sin ningún problema.

A aquel caballo lo había montado gente que se mostraba muy tensa, incapaz de parar e incapaz de notar la tensión de aquel caballo en el momento que le ponían las piernas y, si acaso la notaban, poco hacían o no sabían qué hacer para que se relajara. Creían que poniendo la pierna un caballo *tiene que avanzar*, y punto.

Los jinetes que han sido grandes con los caballos, en toda la historia, han sabido y saben parar para poderlos sentir.

Aciertan a parar cuando deciden cambiar el método que venían utilizando, paran para hacer un paso atrás en el camino que los llevará a la meta, paran haciendo una pausa en la línea recta para incurvar lo preciso cuando hay que reequilibrar al caballo, saben parar para estudiar el asunto y pedir ayuda cuando no logran disipar las tensiones y se alejan del resultado esperado, y saben parar para volver a la base cuando es conveniente.

¿Seremos nosotros más grandes que ellos, incapaces de parar y susceptibles por tener prisa por todo?

Parar, significa dejar de moverse o suspender una acción. Los jinetes que habían montado el caballo problemático, lo habían hecho pensando únicamente en alcanzar su objetivo del día: *había que saltar o trabajar, pero con otro fin que no era el de disipar esa tensión.*

Y nuestro jinete simplemente hizo una pausa: interrumpió su objetivo con el caballo para librarlo de aquella horrible tensión cuando alguien se le sentaba en el lomo y le acercaba la pierna.

¿Qué resultados logró dedicando ese momento, unos cuantos minutos de su precioso tiempo, a la bondad del caballo? Consiguió disipar la emoción que lo distraía (la araña) del trabajo diario y, además, pudo proceder a alcanzar su objetivo (el cuento) con un animal que en realidad era tranquilo y atento.

Cuando surjan complicaciones que parezcan difíciles de resolver, hagamos *una pausa y/o un paso hacia atrás* en la evolución de nuestro trabajo y en la del caballo.

Muchos jinetes que he conocido a lo largo del tiempo, tienen en el fondo de su corazón un pequeño complejo que les refrena a dar un pasito atrás. Tanto si se trata de ellos mismos como de su caballo.

Que lo siguiente quede muy claro: *La señal más sincera de humildad que se puede demostrar como ser humano, es reconocer que algo falla, que no vamos por el camino acertado y que para avanzar por el más indicado tendremos que volver un paso o dos hacia atrás.*

Si trabajamos esta técnica correctamente, cuando estemos listos para avanzar, no daremos solamente un paso adelante sino que el avance crecerá de forma exponencial cada vez que paremos ante una dificultad para retomar el camino.

A continuación, veremos las situaciones clave en las que recapacitaremos por dónde debemos comenzar a aplicar el ejercicio de la pausa. Una vez más, el exceso de energía o la falta de salud del animal nos impedirán hacer esta evaluación. Un caballo enfermo, cojo, mal alimentado o sobrealimentado es de por sí un problema que hay que resolver antes de empezar a trabajar con él.

Veamos entonces:

- **Hagamos una pausa y pensemos en la relación que tenemos con el caballo** del que nos ocupamos: ¿Lo estamos sintiendo? ¿Sabemos qué tipo de caballo es? ¿Aplicamos la presión adecuada para obtener una respuesta positiva?

- **Hagamos una pausa y dediquemos el tiempo que sea necesario a interpretar las señales que nos transmite el caballo**: ¿Le damos tiempo a que responda a nuestro empeño, o hemos caído en un monólogo donde sólo manda el que "habla" más?

- **Hagamos una pausa para recordar qué edad tiene el caballo y en qué condiciones físicas se encuentra.** ¿Le estamos enseñando algo que no es capaz de entender? ¿Le estamos pidiendo algo que será incapaz de hacer?

- **Hagamos una pausa para sentir el estado de nuestra propia tensión:** ¿Nos hallamos optimistas y positivos, o pensamos que todo nos sale mal? ¿Utilizamos nuestra capacidad de liderazgo o hacemos uso de la fuerza para obtener lo que sea? ¿Estamos pensando en el medio a utilizar para lograr algún fin? ¿Tenemos mucha prisa? ¿Llevamos muchos días seguidos trabajando y notamos el estrés, o desde hace mucho rato nos hemos dedicado a hacer algo sin parar? ¿Necesitamos descanso? ¿Nuestra postura es correcta para la situación en la que nos encontramos?

- **Hagamos una pausa si sentimos que la respuesta del caballo nos afecta de forma particular.** ¿Estamos disciplinando al animal, o es que nos estamos dejando llevar por las emociones?

- **Hagamos una pausa si notamos una tensión negativa en la boca del caballo y deja de responder a nuestras ayudas.** ¿Por qué está tenso el caballo? ¿Qué tipo de pequeño desequilibrio podemos causarle para llamarle la atención y disipar la tensión negativa?

- **Hagamos una pausa para analizar el espacio propio.** ¿Nos respeta el caballo? ¿Hemos definido bien los límites? ¿Respetamos nosotros el suyo y las señales que demuestran que el caballo nos tolera en su entorno?

Una vez nos paremos a pensar, nos podemos dar cuenta de que hay muchas cosas que no se ajustan al orden, que hace falta fuerza de voluntad para reconocerlas una por una y que se ha de trabajar en un problema detrás de otro.

Considerar el cúmulo de señales que nos indican que las cosas no son como deben, puede ser un motivo para pasar a ignorar discretamente que nuestro trato con los caballos va de mal en peor, y aparecerá en nosotros la frustración que tanto intentamos esconder y que otras tantas veces irá apareciendo en los momentos críticos, donde perderemos finalmente el control de la situación.

*Antes de continuar, si este es su caso, pare y haga una pequeña reflexión sobre la verdadera pasión que siente por los caballos. Y recuerde de nuevo los momentos en los que fue uno con sus caballos.*

A continuación, lea de nuevo las situaciones clave indicadas para hacer una pausa y piense cuál es la más evidente en su caso. En muchas ocasiones, se dará cuenta de que la solución de una de ellas mejora todas las demás.

Una vez las haya definido, aplique los recursos que ha aprendido hasta ahora y, si verdaderamente se ha decidido a ganar la confianza de los caballos mejorando el equilibrio emocional y físico, tanto suyo como de los caballos que monta, necesita crear una serie de costumbres que nos aseguren unas buenas prácticas.

En el próximo capítulo veremos el por qué son tan necesarias, cómo se adoptan y por dónde empezar para adquirir una a una.

## QUINTO SECRETO

## Construya una base sólida de confianza y equilibrio con la adopción de costumbres

Lograr que un caballo ande a nuestro lado sin que nos atropelle, que pare cuando nosotros lo hacemos y que haga un paso hacia atrás o se aparte cuando se lo pedimos, no es Arte Ecuestre.

Hacer que un caballo se mantenga sólo al trote o al galope, sin que tengamos que ir dándole con la pierna cuando vamos montados o con la tralla si estamos dándole cuerda, no es Arte Ecuestre.

Utilizar diferentes ejercicios para equilibrar, llamar la atención o flexibilizar al caballo, no es Arte Ecuestre.

Lograr una buena posición a caballo y mantenerla con naturalidad, no es Arte Ecuestre.

Hacer un círculo manteniendo un equilibrio adecuado, saliendo para un apoyo o un alargamiento sin que el caballo pierda ese equilibrio, sin que haga fuerza en la mano, o que corra manteniendo las espaldas libres para lo que venga y concluir la demanda, sea un salto, un alargamiento, una calle de obstáculos o un recorrido en el equilibrio cierto, eso sí es Arte Ecuestre.

Todo lo que se hace para llegar a ese punto, son componentes de la base sistemática de una relación de trabajo, disciplina y afecto, para montar y relacionarnos con nuestros caballos en confianza.

Es necesaria esta base para poder desarrollar el Arte Ecuestre en cualquier disciplina que practiquemos y, para tal, habrá que crear costumbres y hábitos ecuestres de calidad.

Lo entenderemos mejor con un ejemplo:

> Si se ha adquirido la costumbre de tener la pierna en una determinada posición, no tendremos que pensar más en ello de forma consciente y podremos concentrarnos en cosas más importantes, como trabajar y mecanizar el equilibrio del caballo.
>
> Si no nos tomamos la molestia y el tiempo necesario para crear una "costumbre de calidad" (poner la pierna de forma correcta), fácilmente nos distraerán un montón de problemas que surgirán como consecuencia de la pierna mal puesta (nos adelantamos, nos retrasamos, apretamos demasiado y el talón sube, nos ponemos de puntillas en los estribos, etcétera) y nos incapacitarán para pensar en lo que realmente interesa, como proponer un ritmo al caballo, actuar con esa pierna sólo cuando es necesario, tener la mano libre para sentir, etcétera...

Todas estas distracciones innecesarias que provoca el hecho de tener la pierna mal puesta, pueden, muchas veces, ser la causa de la tensión negativa de la que hablábamos en páginas anteriores. Si esa es la razón de los problemas, es probable que, una vez adquiramos la costumbre de mantener la pierna en el lugar que nos permita distribuir el equilibrio de forma provechosa, todo lo demás mejore.

Felizmente, tanto el caballo como el jinete somos animales de costumbres, y si nos hemos acostumbrado a tener una mala posición de pierna, también podemos acostumbrarnos a tener una posición más eficaz, tal como podemos acostumbrarnos a hacer bien tantas otras cosas que forman parte de la base esencial y obligatoria para cualquier jinete:

- Si no reconocemos las señales, observemos al caballo tantas veces como sea necesario hasta reconocerlas.
- Si no sabemos distinguir qué tipo de caballo tenemos entre manos, observemos, preguntemos y estudiemos hasta que empecemos a ver las diferencias.
- Si no somos capaces de relajarnos, adquiramos la buena costumbre de hacer diez respiraciones tres veces durante el día.
- Si el caballo se tensa y tiramos de las riendas, acostumbrémonos a trabajar nuestra mano y a utilizar el círculo y los cambios de dirección para reequilibrar al caballo, disipar la tensión y pedir su plena atención de nuevo.
- Si el caballo gana siempre el espacio del jinete, dediquemos tiempo todos los días a gestionar el espacio entre él y nosotros, para acostumbrarlo a que lo respete hasta que lo haga de forma automática.

Una vez adquiridas las buenas costumbres que permitan obtener la confianza del caballo, sólo necesitaremos un trabajo de mantenimiento de la base y podremos empezar a practicar el verdadero Arte Ecuestre, divertirnos en cualquier disciplina que nos guste practicar y concentrarnos en la puesta en forma del caballo y en los objetivos para esa disciplina.

Lógicamente, si caemos en el error de pensar que tenemos que adquirir todos los rituales a la vez, lo mejor que puede pasar es que lo hagamos todo a medias o mal, y nos frustremos tanto que dejemos de montar de inmediato y nos dediquemos a otra cosa.

Volvamos al ejemplo del niño:

Si nos dedicamos a enseñar a un niño a lavarse los dientes después de las comidas, a vestirse cuando se levanta, a ponerse el pijama antes de cenar y a hacer la cama una vez se ha levantado, y se le quiere enseñar todo al mismo tiempo, por muy inteligente y voluntarioso que sea, corremos el riesgo de que nuestro hogar se vuelva una casa de locos.

Pero imaginemos que lo hacemos de otra forma:

> En el término de un mes nos vamos a asegurar de que el niño se lave los dientes, e insistiremos en ese ritual hasta que se levante de la mesa y vaya directo al baño, sin que se lo tengamos que recordar.

> En todo lo demás, le echaremos una mano, nos levantaremos un poco más temprano para ayudarlo a vestirse, le ayudaremos a ponerse el pijama antes de cenar, le ayudaremos a hacer la cama o incluso la haremos nosotros mismos sin insistir mucho en ello.

Una vez que nadie tenga que molestarle para cumplir con su tarea diaria y obligada (lavarse los dientes), iniciaremos el ritual siguiente, manteniendo la ayuda en los demás. Según la edad y la capacidad del niño, él mismo adoptará los diferentes rituales en los que pueda trabajar al mismo tiempo, sin transformarlo en castigo.

¿Cuál será el resultado al cabo de un año en cada una de las situaciones? ¿En cuál de ellas habrá adquirido el niño un alto grado de autonomía, confianza en sí mismo, respeto por sus mayores y ejemplo de su conducta? ¿En cuál de las dos situaciones tendremos más energía y mantendremos una tensión positiva y provechosa?

¿Le gustaría ser el hijo de los padres de la primera situación o mejor de la segunda?

Ahora veamos cuáles deben ser nuestros objetivos para adoptar una buena rutina con los caballos.

Imaginemos, por ejemplo, la siguiente rutina:

- Todos los días, cuando nos acerquemos al caballo, dedicaremos dos minutos de atención a observar su estado de tensión a través de las señales. Aprovecharemos el momento para sentir si estamos nosotros mismos tensos o relajados y haremos las respiraciones si hace falta.

- Cada vez que lo saquemos a pasear de la mano dedicaremos dos o tres minutos en definir la distancia entre el caballo y nosotros.

- Todos los días, cuando nos pongamos a trabajar con el caballo, lo haremos con las riendas sueltas (si hace falta que estén cortas, pero sin ningún tipo de tensión) para ver cómo llevamos nuestro equilibrio y el suyo, empezando el trabajo por la base. Este ritual da opción a relajarse, a reequilibrarse con algún ejercicio, mirar a lo lejos, etcétera. Nos hará pensar, antes de soltar las riendas, si el caballo necesita un poco de cuerda o libertad antes de ser montado, controlando el riesgo de caída.

- Cada vez que el caballo se tense mientras estamos montando, haremos algún ejercicio o movimiento que le ayude a relajarse y a disipar la tensión negativa, sea un círculo, una cesión a la pierna, un cambio de dirección, una serpentina, una transición, unos pasos atrás, rodearemos un árbol, cambiaremos de lado del camino que estemos haciendo, subiremos una cuesta, etc.

Al menos son necesarios treinta días para establecer un ritual o un hábito. Pensemos en lo siguiente: Si nos proponemos establecer un ritual por mes, lograremos establecer 12 costumbres por año en el caso de montar todos los días. Si montamos sólo los fines de semana pero nos dedicamos a practicar estas buenas costumbres, progresaremos mucho más deprisa de lo que lo hacíamos hasta el momento. Y si no montamos todos los días pero en cambio dedicamos unos minutos a trabajar nuestro propio equilibrio, al cabo de un mes iremos muchísimo mejor a caballo.

Los hábitos que consigamos trabajar al mismo tiempo dependerán de nuestro equilibrio natural y del equilibrio mental y físico del caballo.

Nuestro profesor nos ayudará a establecer nuevos objetivos para conseguir el buen trato ecuestre.

*El siguiente es un ejercicio a modo de ejemplo que servirá de base a nuestro próximo objetivo:*

*Vamos a imaginar que, al hacer las pausas pertinentes, hemos descubierto lo que afecta a nuestra equitación, que es la atención que dedicamos a nuestra posición.*

*Nos concentramos tanto en mantener la postura correcta que al ponerlo al galope va todo mal. El caballo corre, nos desequilibramos, nos ponemos tensos, nos agarramos a la boca provocando dolor al animal, que corre más todavía, encoge el cuello..., en suma, el equilibrio que mantenemos uno y otro queda fuera de lo que se considera aceptable para trabajar en armonía.*

*La tensión del caballo va en aumento conforme se prolonga la situación y a nosotros nos ocurre lo mismo. La forma de quebrar el círculo es trabajar en primer lugar nuestra posición hasta que la dominemos por completo y dejemos de estar constantemente pendientes de ella.*

Cómo ganar la confianza de un caballo en 5 pasos

> **Pensemos de forma práctica:**
>
> Si encogemos la pierna cada vez que pedimos algo, y nos sentimos inestables y tensos encima del caballo durante sus aires saltados, ¿qué será más productivo?:
>
>
>
> A. ¿Seguir frustrándonos porque no logramos evolucionar en la disciplina de doma clásica, salto, cross, etc,...?
> B. ¿Dedicar un tiempo a la posición y eficacia de nuestra pierna (establecerlo como prioridad hasta que nos acostumbremos a utilizarla bien)?

Si me pregunta:

*A partir de este momento trabajaré la posición tres días a la semana, ¿tendré alguna posibilidad de éxito?*

*La respuesta es: no, ninguna.*

Debemos ser más específicos.

Si me argumenta:

*Haré sólo paso y trote las primeras dos semanas durante ese 'X' tiempo que esté pendiente de mi posición. Durante los primeros minutos haré paso levantándome y sentándome, con el objetivo de conseguir un movimiento firme y sin usar la mano para equilibrarme. Luego haré trote sobre los estribos cerca de la montura, pero sin sentarme del todo, al objeto de equilibrarme durante cinco vueltas sin tener que agarrarme a las crines o a la montura.*

*Después de hacer el ejercicio sin desequilibrio durante las vueltas que me proponga, lo repetiré pero al galope. Iré añadiendo transiciones, luego pasando barras, y en breve llegaré a mantener una posición tan perfeccionada que hará posible el paso a los objetivos que tanto me gustaría abordar. Esos en los que, a la hora de trabajar, es imprescindible mantener una posición equilibrada (como por ejemplo, galopar o pedir algún ejercicio sin tensar el cuerpo ni encoger la pierna).*

*Si veo que va a resultarme muy difícil mantener esa motivación, acudiré a un especialista en posición que me ayude a entrenar. Estableceré con él lo que haya que mejorar y trabajaremos en conjunto.*

*Si, a causa de un imprevisto, dejo de trabajar con el caballo algún día de los que hemos dedicado, lo repondré con otro, especificando cuál de antemano.*

Si lo expone así, obtendrá resultados:

- ha establecido un tiempo,
- le dedica de forma exclusiva unas horas por semana,
- ha estipulado el horario y
- motivó el trabajo con los planes y objetivos que se tienen que cubrir.

El trabajo se irá adaptando a los progresos que se vayan consiguiendo. Lo importante es establecer unos objetivos específicos que queramos lograr para obtener dichos resultados.

**Una vez se han adquirido los anteriores hábitos**, aconsejo trabajar en una última costumbre, con la que habremos coronado la consecución final:

> **NO PENSEMOS,**
> ya hemos tenido tiempo para ello
> cuando trabajábamos para
> establecer la costumbre.
> **DEDIQUÉMONOS A SENTIR**

Cuando logremos sentir más que pensar, la acción surgirá por sí sola y nos dedicaremos a trabajar (y pensar) en el paso o en el ritual siguiente.

Con vistas a establecer un objetivo general que cubra los primeros meses, para ayudarnos a establecer una serie de costumbres destinadas a formar una base sólida de equilibrio físico y mental, haremos lo siguiente:

### *TRABAJAR EN NOSOTROS MISMOS*

Si pretendemos convertirnos en profesionales, tenemos que aprender a trabajar con cualquier tipo de caballo, y estableciendo la base se conseguirá, si no, se desistirá.

Si somos aficionados y dedicamos un tiempo a superarnos, estrecharemos el lazo de confianza que nos une al caballo y facilitaremos la toma de decisiones con otros caballos que vengan detrás.

Observemos y estudiemos los tipos de caballo que existen y aprendamos a distinguirlos. A tal efecto, nos ayudarán las diferentes señales que utilizan los animales para expresarse en cada caso.

Para poner en práctica nuestras observaciones, aprendamos a controlar nuestra propia tensión, y mecanicemos los pasos a seguir.

Una vez establezcamos una base de costumbres para nosotros, todo lo relacionado con nuestro caballo irá quedando más claro y podremos aplicar las técnicas para gestionar la tensión del mismo de forma natural.

A partir del momento en que la relación del binomio fluya de forma natural y la confianza del caballo esté basada en el respeto mutuo, nuestra equitación se elevará a una dimensión especial:

- **Nos sentiremos unos auténticos líderes.**
- **Sentiremos más de lo que pensamos de manera espontánea.**
- **Dejaremos que fluyan las acciones.**
- **Nuestra nueva postura y disposición nos acercará cada día más a nuestros caballos, hasta ser uno con ellos todos los días...**

*...Llegaremos a sentir lo que es el verdadero Arte Ecuestre.*

## Conclusión

Siempre existe un libro, una frase, un consejo de amigo, de mentor, de entrenador o, al mismo tiempo, un gran error, una caída, capaces de transmitirnos que algo no está bien en la manera que tenemos de hacer las cosas.

Estamos siempre evolucionando como personas y como jinetes. Cada vez que accedemos a un nivel superior, significa que hemos sabido rebasar con éxito una serie de obstáculos en el nivel anterior.

Vamos a dividir cada nivel en cuatro fases de cumplimiento obligatorio y una opcional:

*- Fase 1*
Donde hay que empeñarse en rectificar los métodos que no dan resultado y trabajar en superar ciertas dificultades. En esta fase pasaremos por las dificultades típicas de quien necesita reconocer que debe cambiar alguna cosa en su forma de actuar. La motivación de un libro o un consejo de amigo podrán ayudarnos a pasar por este momento, que muchas veces nos resulta frustrante.

*- Fase 2*
Donde hay que insistir tanto como sea necesario, hasta resolver el principal problema que nos impide superar el nivel. Es esencial pedir ayuda cuando surja una duda o cuando nos desmotivemos. En esta fase empezamos sentir que de vez en cuando logramos ver la luz. Esa es la primera señal de que lo peor ya ha pasado.

*- Fase 3*
Podemos felicitarnos por haber superado el obstáculo principal. No se puede menospreciar esta fase porque es la

que nos mantendrá activos y motivados para acceder a los niveles siguientes. En esta fase, si pensamos en lo que hemos hecho para ver la luz en vez de pensar en los momentos negativos, lograremos encontrar una relación entre nuestras actitudes y los resultados positivos.

*- Fase 4*
Donde hay que repetir la acción cuantas veces sea necesario para obtener la seguridad de que la solución y el método encontrado funcionan.

*- Fase 5*
En este punto, nos capacitamos para enseñar a otros jinetes el método que se ha adoptado. Esta fase es opcional, pero resulta muy satisfactorio comprobar que otros obtienen resultados prestándoles nuestra ayuda. Además, reafirma el nivel anterior y consolida nuestro método.

Para acabar, y con ánimo de ayudar a superar el nivel de que dispone cada cual (y aquí transmito algo que me han enseñado a aplicar, a su vez, mis hijos y mi marido), reflexionemos sobre lo siguiente:

*Para activar la energía y la creatividad, para afrontar los problemas que surgen, sólo se necesitan* **ganas sinceras de solucionarlos***. El resto se irá solventando, ideas no faltarán.*

## *FIN*

# Frases de mis mentores

Para concluir, quiero pasar a exponer algunas de las ideas que me inculcaron mentores y profesores, y que marcaron la particularidad de mi vida ecuestre.

*"Hacer algo mal no es el fin del mundo, pero lo bueno es enemigo de lo ideal." (Antonio Seabra, propietario y preparador de caballos de salto)*

*"El pasado no se puede cambiar. Hay que concentrarse en el presente y determinar los objetivos del futuro." (Antonio Seabra)*

*"Una vuelta hacia el salto sin ajustar el ritmo es como tomar una curva con el coche en una marcha incorrecta." (Antonio Seabra)*

*"Complicarse la cabeza destroza la equitación. Hay que seguir adelante y buscar la solución sobre la marcha." (Paz de Delás, jinete de salto internacional y preparadora de jinetes menores de competición)*

*"Siempre has demostrado conservar tu integridad, incluso al equivocarte. No lo dudes nunca." (Paz de Delás)*

*"Encima del caballo de competición hay que ser piloto y no pasajero, pero hay que pilotar con la mente más que con el cuerpo." (Jörg Münzner, jinete olímpico)*

*"Galopa bien hacia delante pero sin prisas." (Francisco Caldeira, jinete olímpico)*

*"Haz un recorrido **perfecto** a 1,10 y será como hacer un Gran Premio." (Francisco Caldeira)*

*"Educa al caballo. Hazle saber lo que quieres y no lo confundas." (Francisco Caldeira)*

*"Cuando consigas adaptar una base idéntica a diferentes caballos, habrás encontrado el sistema de trabajo que necesitabas." (Francisco Caldeira)*

*"Pon al caballo derecho. Acostúmbralo a trabajar así y multiplicarás su fuerza." (Francisco Caldeira)*

*"Da un caballo nervioso a un jinete tranquilo y un caballo tranquilo a un jinete nervioso." (Francisco Caldeira)*

*"Acorta los estribos, las riendas, y monta sin complicaciones durante el recorrido." (Antonio Vozone)*

*"Hay que dejar al caballo ser lo que es y trabajar en función de eso." (Louwie Joppen, jinete internacional)*

*"Un caballo tiene que saber girar hacia la derecha, hacia la izquierda, andar hacia delante, parar y andar hacia atrás. Querer enseñar a un caballo otras cosas sin que sepa hacer esto, es como querer enseñar a un niño a correr antes de ponerse en pie." (Louwie Joppen)*

*"Los potros nos enseñan a ser pacientes, los caballos buenos y con una buena base nos enseñan a brillar en las pistas." (Leon Thijssen, jinete olímpico)*

*"Haz lo que te guste y te haga ser feliz. Trabaja en algo que te apasione, sé eficaz en lo que haces, y sabrás proceder en lo demás. Si no aciertas, aprende de tus errores." (Willem Jan van der Horst, mi padre)*

*"Dobla el cuerpo del caballo y obtendrás flexibilidad, rectitud y equilibrio." (Francisco Cancella de Abreu)*

*"Busca un buen profesor y trabaja mucho. El talento sin trabajo es solamente talento." (Víctor Álvarez)*

*"Confía en tus instintos para montar y enseñar. No inventes, no te hace falta." (Ann Galloway)*

*"Las yeguas dominantes sólo pueden tener un dueño." (Jordi Fàbregas)*

*"Un caballo en agonía puede ser todo lo que nunca esperamos."(Jordi Fàbregas)*

*"Los caballos que forman parte del grupo están educados por sus congéneres según su naturaleza." (Jordi Fàbregas)*

*"Es posible dominar al caballo en lo físico pero no su espíritu." (Narcís Paguina, que en paz descanse.)*

## Agradecimientos especiales

Este libro no habría visto la luz si no fuera por la generosa colaboración de algunas personas, a las que quiero expresar un profundo agradecimiento:

De todo corazón, a mi querido marido, Frederico de Carvalho, y a mis hijos, Gaspar Otto e Inês, por obligarme a poner los pies en el suelo cada vez que *levantan vuelo*, por ser como sois y por hacerme ver las maravillas que veis. Sin vosotros, mi vida no sería nada.

A mamá Hélène Haspers, por la paciencia, el instinto maternal, la gran capacidad de establecer metas, la ayuda, y por estar pendiente de mí y mi pequeña familia. A papá, y con él al "fotógrafo de las mejores fotos del libro", Willem Jan van der Horst, por la fuerza, el incansable positivismo, la capacidad de iniciativa, la ayuda y colaboración que han sido desde siempre un pilar y algo esencial en la conclusión de este libro. Gracias también de todo corazón, Marjolein van der Horst, por la disposición y colaboración como amiga y hermana.

A Paz de Delàs por ser una amiga maravillosa, por estar siempre presente, por su continuo sentido de la integridad, su apoyo y su cariño.

A Ana Pascual por el cariño dedicado a la corrección y por ayudarme a hacer entender mis ideas en un momento en que los 5 idiomas que hablo se confunden.

A Teresa Carvalho, cuñada y amiga, por su amistad, cariño y apoyo que redundó en pasar muchas horas sentada y escribiendo sin dolor. Su recomendación del médico que lo hizo posible ha quedado grabada en mi corazón para siempre. Gracias a su marido, Miguel Rodrigues, por su amistad, su disposición a escuchar y ponderar nuevas ideas, y su ayuda técnica.

A la familia de Carvalho y Gomes Pedro por estar siempre cerca y dispuestos a ayudar.

A Lluís Morral, Marta Paguina, Silvia Casamitjana, Griselda Oliva, Maria del Mar López Atalaya y João Moreira Rato, por su amistad, su paciencia, y por haberme ayudado a tomar la decisión de publicar lo que en su inicio era una simple asociación de ideas. Sin vosotros, estas notas habrían quedado al fondo de un cajón.

A João Alves, Vanessa Lima, Mário Alcântara, Gonçalo Paixão y José Gomes Pedro por su amistad y por haberme dado el "empujón" inicial para empezar este proyecto, que espero esté lejos de terminar.

A Antonio Seabra y a Leonor Seabra, su mujer, por su enorme hospitalidad, por cederme sus caballos (algunos salen en las fotos), su paciencia y su espacio, por proporcionarme un tiempo maravilloso y sereno, por haberme ayudado e incentivado a poner en orden mis ideas, mis principios, mi sistema y mi sentimiento ecuestre. Por su gran amistad.

A la Sociedade Hípica Portuguesa por dejarme publicar algunas fotos hechas en sus instalaciones.

A Joan Bactrina por haberme puesto a montar de nuevo después de meses de dolor y por mantener mi espalda sana durante todos estos años.

Al dr. Orlando Alves da Silva por su increíble ayuda e incansable dedicación a la corrección de la postura.

A los alumnos que he tenido a lo largo del tiempo, que me han escuchado, han aguantado mis errores y han creído en mis ideas y forma de trabajar. Por haberme ayudado a enseñar.

A todos los profesores, mentores y especialistas en diferentes áreas y disciplinas ecuestres, que me han transmitido a mí los métodos que ellos se dedicaron a aplicar a lo largo de los años. Gracias a sus conocimientos, me he formado en las ideas y en el sistema que me dispongo a transmitir con este libro.

A mis amigos Angeles Salcedo y Pedro Rabinad por hacer posible la versión en formato papel de este libro.

A todos los que forman parte del equipo de Equierrores, por hacer posible lo imposible.

A Ivet Moncusí, a Laura y Eduardo Rahola por cederme sus imágenes y sus caballos para las fotos.

A Carla Vela por dejarme publicar algunas de sus imágenes.

Al Centro Hípico *"El Cerrillo"* por dejarme publicar algunas de las imágenes tiradas en sus instalaciones.

Y a mis fieles amigos, los caballos, **por enseñarme el camino a seguir** cada vez que me pierdo...

***Por último, no se vaya sin antes aceptar una invitación:***

*Querido lector, le invito a pasarse por www.equierrores.com, un blog diferente, hecho a medida de quien pasa por ahí, para el lector, para sus amigos que montan y tienen pasión por estos animales. Hasta los que no montan aprenderán algo sobre el lector, sobre lo que le mueve, esa pasión muchas veces incomprendida por aquel que nunca ha sentido la verdadera energía de un caballo. Entre en el Blog, lea, suscriba, comente y comparta con sus amigos lo que aprenda durante su lectura. Es importante pasar la palabra, divulgar la importancia de la utilización del sentido común durante el trato con nuestros caballos y de paso, puede descargarse cosas gratis como Guías con Normas de Educación Equina y mucha información más que iremos poniendo.*

*Nuestro Facebook se llama* **Equierrores a caballo.**

*El canal de Youtube al que se puede suscribir se llama* **Caballos Equierrores**.

Monique van der Horst

Cómo ganar la confianza de un caballo en 5 pasos

www.ingramcontent.com/pod-product-compliance
Lightning Source LLC
Chambersburg PA
CBHW062110080426
42734CB00012B/2811